第 三 辑

讲好新时代

"大思政课"

《思想政治工作研究》杂志社

编

人民日报出版社
北 京

图书在版编目（CIP）数据

讲好新时代"大思政课". 第三辑 /《思想政治工作研究》杂志社编 . — 北京：人民日报出版社，2024.3

ISBN 978-7-5115-8248-5

Ⅰ. ①讲… Ⅱ. ①思… Ⅲ. ①政治工作－中国－文集
Ⅳ. ① D64-53

中国国家版本馆 CIP 数据核字（2024）第 060554 号

书 　名：讲好新时代"大思政课". 第三辑
　　　　 JIANGHAO XINSHIDAI "DASIZHENG KE". DISANJI
作 　者：《思想政治工作研究》杂志社

出 版 人：刘华新
策 划 人：欧阳辉
责任编辑：曹 腾 季 玮 朱小玲
版式设计：九章文化
出版发行：人民日报出版社
社 　址：北京金台西路 2 号
邮政编码：100733
发行热线：(010) 65369509 65369527 65369846 65363528
邮购热线：(010) 65369530 65363527
编辑热线：(010) 65369523
网 　址：www.peopledailypress.com
经 　销：新华书店
印 　刷：大厂回族自治县彩虹印刷有限公司
法律顾问：北京科宇律师事务所 010-83622312

开 　本：710mm×1000mm 1/16
字 　数：165 千字
印 　张：16
版次印次：2024 年 8 月第 1 版 2024 年 8 月第 1 次印刷

书 　号：ISBN 978-7-5115-8248-5
定 　价：59.00 元

本书编委会

主　　任：李小标

副 主 任：杨卫方

成　　员：闫宏伟　鞠海兵　孙　强

　　　　　曹馨元　何雨蔚　赵雨欣

　　　　　苏鸿雁　张德莹隆　颜学静

　　　　　申兆琳

本辑主编：鞠海兵　颜学静　闫宏伟

出版说明

在时代洪流中，我们如同航行于茫茫大海的探索者，不断寻求着前进的方向与灵魂的启迪。为了深刻把握那些激荡人心的力量，本着传承红色基因、弘扬时代精神的宗旨，我们汇聚智慧和热忱，精心策划并出版《讲好新时代"大思政课"》（第三辑）。

本书旨在通过榜样的力量、爱我国防和佳作赏析等多个篇章，传递正能量、培养爱国情怀、提高审美素养，以期在新征程上为广大党员干部和人民群众提供丰富的精神食粮。榜样的力量聚焦党和国家推出的时代楷模、道德模范、最美人物等，深入挖掘他们充满智慧、勇气和坚持的感人故事。这些榜样不仅在自己领域取得了成就，更以积极的态度和行动影响着社会，成为时代的标杆，通过他们的故事，我们希望激励广大读者学习先进典型，传承中国精神；国防教育是新时代"大思政课"的重要内容之一，我们通过展示各地丰富的国防教育实例和个人参与国防建设的感受，帮助读者了解国家安全形势以及国防建设等方面的知识，希望通过这一篇章，增强读者的国防观念，培养爱国情怀；佳作赏析也是本书的一大特色，我们精选了一批重大专题片、经典影视剧、获奖图书等，进行了深入的分析和解读。通过赏析这些佳作，我们希望能够提高读者的审美素养和文化修养，丰富精神生活。

愿《讲好新时代"大思政课"》（第三辑）能够为生活增添一抹亮色，激发大家的思考与行动，共同推动社会和谐发展。

榜样的力量

李云南：践行共同富裕的诺言……………………………秦浩滨 / 003

苏翊鸣：志存高远　勇敢追梦……………………………陈　风 / 008

盛晓涵：会帮助、能帮助、敢帮助………………………陈　风 / 012

钱海军：多行一步　多帮一点………………海　兵　史常宝 / 017

何贤达："王牌号手"…………………………李永飞　郭海涛 / 022

最美拥军人物：军民团结"最美"的见证………………陈　飞 / 027

最美教师：闪亮在学生心里………………………………陈　风 / 032

人民满意的公务员：把人民放在心上……………………陈　风 / 037

最美自然守护者：国之所需，我之所向…………………陈　风 / 042

一心系苍穹，一生献祖国

　　——记中国试飞人…………………………李小标　颜学静 / 047

金色盾牌护卫平安中国……………………………………陈　风 / 055

最美医生：医者医人，仁者医心 …………………… 苏鸿雁 / 060

魏虎仙：让"劳模味"香飘万家 …………………… 刘 年 / 065

最美铁路人：勾勒"流动中国"的美丽画卷 …… 闫宏伟 孙 菁 / 070

"最美奋斗者"于蓝："我们要死在舞台上" ……… 张德莹隆 / 075

最美退役军人——军号声中再报到 ……………… 陈 飞 / 080

乡村阅读榜样：书香中国的乡土味道 ……………… 何雨蔚 / 085

金牌讲解员：让红色故事"抓"住人心 …………… 应 龙 / 088

中国国家博物馆：弘扬雷锋精神 凝聚志愿力量 ……… 海 兵 / 093

爱我国防

我将继续走在强军兴军的采访路上 ……………… 廖芷艺 / 101

加强学校国防教育一体化建设 ……………………… 龚立新 / 105

积极抓好高中生国防教育 …………………………… 王晓萌 / 110

过去能打赢，如今一样行 …………………………… 文晓亮 / 113

三年一贯制国防教育培育技能人才 ………… 胡江学 贺 良 / 116

再见，更好再见 ……………………………………… 王 雄 / 119

牢记领袖嘱托 锻造空降利刃 ……………………… 尚 磊 / 122

在军旅和学业中找寻自我 …………………………… 廖明辉 / 125

"校地军"携手开创国防教育新模式 ………… 胡 烽 方炎申 / 127

永远"热辣滚烫"的火红人生 ……………………… 刘海燕 / 130

永不褪色的橄榄绿 …………………………………… 赵岳平 / 133

愿做一朵小浪花……………………………………高振远 / 136

忆峥嵘岁月 创美好生活……………………………刘汉成 / 139

军旅一小事助我大成长………………………………王群星 / 142

一座永远矗立在我心中的丰碑………………………张少波 / 145

一天是军人，一辈子是军人…………………………李现森 / 148

长缨挥舞护大海………………………………………崔永奇 / 151

逐梦有回响 起航正当时……………………………薛冰坚 / 154

我的荣誉我的高地……………………………………阮德胜 / 157

飞扬的战旗，写着清澈的爱…………………………唐旭东 / 160

队长叫"TNT"…………………………………………李 玮 / 163

挺起胸，睁圆眼，迎着风……………………………欧阳辉 / 166

佳作赏析

《长津湖》——冰雪中的中国红………………………章 颖 / 171

《百年大党面对面》
　　——讲透、讲实、讲活、讲美………………………李 倩 / 176

《人世间》：改革开放精神的时代画卷………………曾丽红 / 181

《征程》——新时代奋斗者的大美华章………………彭维锋 / 186

《领航》——凝聚奋进力量的史诗巨制………汤荣光 许希言 / 190

《功勋》：匠心凝聚铸魂力作…………………………陈 扬 / 195

《丝路金桥》：展现丝路精神的文化符号……………颜学静 / 200

《长征之歌》——山水流芳 ·················· 刘 岳 / 205

《大国工匠》——典型报道"求实"的力量 ············· 海 兵 / 210

诚信之星：星光普照 星火燎原 ················ 陈 风 / 215

"美在新时代"——开放的中国美术馆 ············· 海 兵 / 220

新时代乡村阅读季：文化强国 品牌闪亮 ·········· 海 兵 / 225

"艺苑撷英"：担负文化使命 培育青年人才 ·········· 海 兵 / 228

红色故事讲解员大赛：培养讲故事的人 ··········· 海 兵 / 233

"红飘带"：数字化＋长征文化 ················ 赵雨欣 / 238

《英雄儿女——志愿军家书》：让距离不再遥远 ········ 赵雨欣 / 241

后 记 ································· 244

榜样的力量

李云南：践行共同富裕的诺言

秦浩滨

在陕西省耀州区马咀村有个出了名的人叫李云南，经营水泥厂年盈利上百万元。他有钱不忘乡邻，担任马咀村党支部书记兼村委会主任20多年，带领村民脱贫致富奔小康，把一个贫穷落后的偏僻村庄变成了"全国文明村"，用实际行动践行了"先富带后富、共同奔小康"的诺言。

硬汉子，从石头缝里扒钱

革命老区耀州，山大沟深，交通闭塞。早先的马咀村，家家户户都住窑洞，人畜混居，当地流传着这样的顺口溜：冬天烟熏火燎，夏天蚊虫叮咬，有女不嫁马咀汉，马咀村光棍一串串。

李云南父亲残疾，小时候家里住的窑洞是村里最破的，粮食不足，常用野菜充饥，饿肚子的滋味在他心里烙下了深深的印记。他高中毕业后被招工到乡政府工作，每天上下班2公里崎岖的泥泞路，七拐八拐要走上5个多小时。一个月几块钱的工资，还不够给常年患病的父亲买药，母亲整天为生计发愁。生性倔强的硬汉子一咬牙辞了工作，带上村里几个年轻人走进山里，开办水泥厂，从石头缝里扒钱。

李云南干活不惜力，运石头手掌磨出了血泡，肩膀晒脱了皮。大家看他那么卖力，都不好意思偷懒，水泥厂当年盈利165000元。大家都眼巴巴盯着赚来的钱，等着分下钱好好改善改善生活，他却提出，要想赚大钱，必须提高生产效率，赚的钱暂时不能分，要用这钱买一条生产水泥的流水线。谁知，从西安买来设备刚安装调试完，国家就下发文件，取缔小规模水泥生产厂。突如其来的变化没有把李云南吓退，他咬紧牙关，贷款、借钱扩大生产规模，治理环境污染，再次拿到生产许可证，重新启动水泥生产，当年就盈利了1000万元，从来没有见过这么多钱的李云南笑得直流眼泪。他成了十里八村有名的"富豪"。

共产党员，就要带领大家共同致富

李云南家富裕了，但马咀村依然贫困。村两委班子软弱涣散，多年没有换届，村支部书记常年空缺。村民经常为一些鸡毛蒜皮的小事闹矛盾、吵架，妯娌间不团结、不孝敬公婆，赌博、游手好闲的年轻人很多。

乡党委书记希望李云南挑起村支部书记这副重担，带领全村父老乡亲一起致富，他毫不犹豫答应下来。1999年，李云南走马上任村支部书记兼村委会主任。村集体账上空无分文，他开着自己的车、花着自家的钱，跑机关、进院校、请行家到村里实地考察论证定项目。村两委班子和专家确定了"修路、整田、修库、架电、建园"五项发展措施。在李云南推动下，村里通往县城的水泥路通了，路基是他用自己水泥厂的石渣铺垫的。他还垫资给村民铺修了田间农用路，并带头支持农网增容改造，埋电杆、架电线，农民电费由1.2元/度降至0.53元/度，实实在在为村民减轻了负担。

　　土地是农民致富的本钱，马咀村耕地都是坡坡地、绺绺田，下雨跑水肥，天旱大减产，要想让大家吃饱饭，必须修地稳粮。李云南请来专家对农田进行了规划，但修地谈何容易？要平祖坟，群众想不通，他就让装载机先平掉自己父亲的坟头。他跪在哭着责怪他的母亲面前说："我今天挖掉的是我们村祖辈受穷的根！"在他的带动下，全村整修高标准农田1530亩。他主持申请西部农业开发资金，修建储水池，安装出水桩，铺设PVC输水管道。高标准基本农田的建设，改写了马咀村祖祖辈辈靠天吃饭的历史。在平整土地过程中，李云南不慎从推土机上摔下，3根肋骨断裂，住院医疗费6000余元，没在村上报一分钱。在西安工作的大儿子不理解：一年到头辛苦不说还落埋怨，把自己的企业干好，随便挣点就够家里花销啦，何必再去操那份闲心呢？他跟孩子解释说，如果我是普通人，可以只顾小家创收，因为我是共产党员，就有责任带领大家共同致富。

全国劳模，就要时时处处带好头

　　马咀村农业条件虽然改善了，年轻人外出打工的还是越来越多，李云南知道乡亲们缺的是钱。他利用本村石灰石资源，又投资创建了一个水泥厂，组织村上剩余的劳动力进厂，确保每户一人，全村所有三轮、四轮车都给水泥厂运料，增加了村民的收入。

农田改造年年保丰产，村办企业使农民有了稳定收入，但是看着大部分村民还住着土窑洞、破瓦房，喝着土窑水、走着羊肠路，地方病严重，村民居住点七零八落，李云南仍然心里不是滋味。于是，他下决心改善村民的生活环境。他带领专家到欧洲考察调研，用欧洲建筑风格统一规划设计、统一标准、统一施工。用两年时间，修建了68栋欧式两层单元式"小洋楼"，总投资340万元，他垫资140万元，60户村民搬出窑洞住进了新房，人人兴高采烈。

自打李云南当上支部书记，马咀村地平了，水有了，路修了，电改了，房盖了，钱挣了。但他并未止步，他深知治穷必治愚，要实现"小康长久富"必须提升村民的文化素质，一定要办好教育。

村里小学虽已不再是黑屋子、土台子、泥孩子，但地基下沉、年久失修，留不住老师。他筹集资金，给村小学选址新建宿舍、教学楼、办公室，购置桌椅，让师生搬进明亮的新教室。他经常找老师谈心，解决生活上的实际困难，使老师们安心教课。很快，连续5年倒数第一的马咀小学在全乡小学统考中一跃成为第一名。乡亲们高兴地说："支书啥事都能和咱们想到一块，啥心都能操到点子上。"

李云南获得了全国劳动模范和全国优秀共产党员称号。他说，当全国劳模，就要时时处处带好头。村民们在心里给李云南记了笔账：他带领全村50名党员，给村里安装了自来水、天然气，硬化了道路，绿化了村庄，修建了公厕。他亲自指挥修建日光大棚，全村每户1个棚，种植有机蔬菜，供游客采摘。从2002年开始，村委会每年给村里60位老人发生活补助；考上大学的青年每人都有奖励；生活出现困难者，村委会给予不定期的帮助与支持；每年邀请农业专家免费举办种植、养殖技术培训班。马咀村还举办了全国首届乡涂国际墙面创意大赛……账单还在续写，李云南践行共同富裕诺言的脚步仍在向前。

（2022年第5期）

苏翊鸣：志存高远　勇敢追梦

陈　风

2008年，一个4岁的吉林男孩站上了比自己高出一截的雪板，爱上了滑雪……14年后，北京冬奥会单板滑雪赛场上，黑衣少年，踏板而行，风驰电掣，飞腾翻转，摘金夺银，光荣绽放。北京首钢滑雪大跳台"雪飞天"、张家口云顶滑雪公园坡面障碍技巧赛道"雪长城"共同闪亮他的名字——苏翊鸣。

热爱，是最好的老师

苏翊鸣自幼活泼好动，每到冬季，他常在雪地上一玩一整天。后来跟着爱好滑雪运动的父母上雪场后就爱上了滑雪。为了挤出更多的时间练习滑雪，他从不睡懒觉，习惯了迅速完成好学校作业就去滑雪，即便受伤进了医院也不忘琢磨滑雪。虽对滑雪挚爱如此，但那时他还没有什么高远的目标，对于8岁的苏翊鸣来说，滑雪只是一项每天都想玩，而且玩得非常开心的业余爱好。爱着滑雪，伴着单板，他一天天成长，亲身见证着中国冰雪运动设施设备的日趋完善、参与群体的逐步扩大，感受着祖国的日益强大。

机遇，为青春插上梦想的翅膀

2015年7月31日，马来西亚吉隆坡国际奥委会第128次全会上，北京携手张家口获得2022年第24届冬奥会举办权。11岁的少年，很想代表中国参加冬奥会，站上"家门口"的冬奥赛场为祖国和自己争取荣誉。他的大胆想法得到了父母的支持。目标明确后，他便放下其他事情，把全部课余时间都投入了滑雪，从此逐步走上了专业运动员不断追求突破极限的道路。如今，回想当年的决定，他说："那时我只是一个单板爱好者，离世界顶级运动员差距真是太大了！现在想起来，这个梦想确实有些大胆。"但是，"年轻人一定要找到自己的目标，付出最大的努力去追求梦想"。面对伟大时代赋予的机遇，苏翊鸣没有错过。

努力，是苏翊鸣口中的高频词

专业运动员所说的努力，意味着常人难以想象的付出。自律、刻苦，是教练和队友对他的评价。在驻训基地，每天第一个上山的是他，最晚收工的也是他。业余滑友一块雪板能用几年，而苏翊鸣的雪板最高损坏频率是一周4块，他的训练强度可见一斑。为了突破"反脚内转1260"这个薄弱动作，他苦练了几个月才使自己满意。为什么要死盯这么一个难度系数并不高的动作？苏翊鸣的回答是："满意的标准只有自己最清楚，没办法说出来，从起跳到落地有很多不同的细节，外观看起来只是一部分，更重要的一部分是大脑的思考。如果思路并不是那么清晰，我不会满意，即使教练满意了，我还是会继续重来。"这种执着、这种内生的高标准严要求，为他日后一步步突破1440、1620、1800、1980等一系列更高难度动作奠定了扎实的基础。充分的自信帮助他在比赛中全神贯注于动作的完成，而不受赛场复杂因素的干扰，达到真正去享受比赛的境界。

幸运，源于团队强大的支持

单板大跳台是一项极限运动，整个场地高度一般有40~50米，运动员落地时身体会承受巨大的冲击力，平时还需要长期高强度的力量训练、体能训练、气垫训练……危险系数很高。加入国家集训队后，苏翊鸣在国内外参加了一系列高强度训练和高水平比赛。国家体育总局一方面为运动员提供一流的训练比赛硬件保障，另一方面聘请外籍知名教练给予悉心指导，快速提升训练水平。同时，体育总局还注重国家队运动员、教练员的思想政治教育和心理疏导，建立起从物质到精神全方位的保障体系。在训练和参赛过程中，苏翊鸣也受过伤，曾经有半年时间要靠轮椅代步，几乎结束了他的职业运动生涯，但最终在团队的协助下，他得以幸运地重回赛场。对此，苏翊鸣深有感触："我特别幸运，特别荣幸能够有祖国在背后这么强大的支持，正是因为有了这种支持，我才不会去有更多别的想法，可以心无杂念，才能够百分之百地去专注我想完成的事情，这样也能让我取得更好的成绩。"

荣誉，归于伟大的祖国

摘金夺银，实现了为国家争取荣誉的愿望，苏翊鸣激动不已，情不自禁写信给习近平总书记，不仅是汇报自己的成绩，更是感谢总书记曾经对他和队友的嘱托。他清楚记得，习近平总书记在冬奥备战阶段来到他们的训练地点，"他叮嘱我们要志存高远，到世界竞技舞台上去展现中国新一代青少年风采。我一直把这句话铭记在心"。收到总书记的回信后，他更加感动："没有祖国，就不会有今天的我，如果不是祖国强大，我国冰雪运动不可能在短时间内实现跨越式发展。也正是有了3亿人参与冰雪运动，相信未来会涌现出更多的年轻人为国争光。""我一定要尽自己最大的努力，继续为国争光，取得最好的成绩，这也是我一直以来的梦想"。

　　"如果你有一个明确的目标，你付出自己的一切朝着这个目标努力，总有一天会达到。"这是苏翊鸣的生活信条。目前，他还是一名高中生，在滑雪运动之外，还有很多人生理想和目标等着他去实现。北京冬奥会结束后，苏翊鸣热情参与公益活动：吉林发生疫情，他立刻以个人名义向吉林捐赠1万件防护服；冰雪项目国家队公益服务计划，他积极参与；在"双奥石景山冰雪向未来"群众性冰雪活动中，他和队友们一起讲述冬奥故事、与青少年互动；在北京冬奥公园"中国冰雪冠军林"里，他种下国槐和白皮松。他说："我希望让大家看到我积极、阳光的一面，看到我对于梦想的追求，去感召更多的青少年一起追求梦想，发挥出我们的动力和灵感。"

（2022年第5期）

盛晓涵：会帮助、能帮助、敢帮助

陈 风

深秋的夜晚，上海街头，一位老伯在回家的路上突然晕倒在地，失去了意识，同伴扶他起身，拍背、掐人中，仍然无法唤醒。一名放学路过的中学生，细心观察到老伯已出现尿失禁，且面部呈淡紫色，便上前用手试探颈动脉，感觉脉搏十分微弱，而且体温下降，疑似心脏骤停。因不知昏迷是否由于晚餐异物梗阻，他请大家让开一点，自己抱住老伯，先用海姆立克急救法重力挤压了腹部两下，见没有任何食物吐出，便请周围的热心人拨打120，同时将老伯在地面放平，并疏散围观人员，一边解开老伯胸前纽扣，为老伯做胸部按压，一边指导老伯的同伴做口对鼻的"鼻式人工呼吸"，配合进行心肺复苏。经过五六分钟连续按压，老伯恢复了自主呼吸，他仍不敢停手，一直按压到120急救车赶到，急救人员接管了老伯，他才松下一口气，起身离去。

老伯被送到附近医院急救、治疗，26天后康复出院。据医生诊断，患者心脏主要血管堵塞，导致大面积心梗，推测晕倒时发生了恶性心律失常（例如室颤），如果没有及时采取正确的急救措施，一旦脑缺氧时间过长，就会出现神经系统功能不可逆的损伤，即使送到医院再救过来，也会有很大的致残性，后果不堪设想，学生现场实施的急救处置，正确及时，也很专业，为后续的治疗创造了良好条件。

这位冷静自信、科学施救的学生并没有留下姓名，人们凭借现场一张模糊的照片里学生校服上的校徽线索，辗转找到了他——上海市格致中学2020级学生盛晓涵。后来，这场120救护车赶到前的街头急救，被誉为"高一学生教科书式心肺复苏"。

在中央文明办、教育部、共青团中央、全国妇联、中国关工委五部门联合主办的2021年度"新时代好少年"先进事迹发布活动现场连线时，盛晓涵表示：希望能有更多的人在他人需要帮助的时候，会帮助、能帮助、敢帮助。

普遍做到"会帮助"，需要有急救知识、技能的社会面普及，离不开系统的教和自觉的学。 盛晓涵就读的小学、初中和高中，每所学校都设有急救课程，开展日常教育和培训。就在事发前20天，他刚参加完学校里由急救培训师指导的心肺复苏和救护包扎技能培训考核，扎实掌握了急救技能。另外，在社会实践和军训中，学生也有机会学到相关的医学知识，培养急救意识。盛晓涵对医学知识特别感兴趣，家里有几本家庭医学书，他时常都会去翻翻，每每都有收获。平日，他也和其他爱好医学的同学一起讨论过院前急救的话题。救人后，为了让更多人了解急救、学会急救，他发起组织了"黄浦区红十字BOYS"，利用课余时间开展公益宣传。他说："我希望能够贡献出我的一份力量，让更多的人学到急救知识，在危急时刻能够挺身而出。"他们以积极的志愿活动实践，弘扬着奉献、友爱、互助、进步的志愿精神。

2021年，教育部开始实施全国青少年急救教育行动计划，首批有201所学校参与试点，未来数以亿计的中国学生普遍得到充分的急救教育，全体国民普及急救常识将会逐步实现，生命健康将拥有更密实的安全屏障。

危急时刻"能帮助"，助人的热心、良好的体能缺一不可，社会公益设施的逐步健全也是必备条件。同学们眼中的盛晓涵，开朗、热心，平时不论认不认识，只要看到别人有麻烦，他总会上前帮忙。老师口中的盛晓涵，有着"满满的正能量，是个出了名的热心肠，总是乐呵呵地帮助大家做这做那"。抢救老伯，是盛晓涵第一次在真实生活中实施急救，很紧张，但有自信。他说："既然我已经掌握了这方面的知识，就应该负起我的责任，把它用出来，不能看着生命在我手里消逝。"救人后，盛晓涵将见义勇为获得的5000元奖金，捐献给了一位家境困难的先天性心脏病患儿，他说："其实我只是个喜欢做好事的普通人，我希望自己能成为一个值得信赖的人，我梦想所有人都能相互依靠，相互帮助，收获真正的幸福和快乐……我当时离开的时候，不想说出自己的名字，是因为不想让大家只记住某个人，而是想让大家记住一个集体，想让大家看到校服就会想到，我们这样的学生，这样的小孩子都能做得到，那么大家也都能这样做。"

紧急救护的许多关键操作都需要良好的体能。盛晓涵爱好运动，练排球一个小时能连续垫球2300个，良好的体能储备在急救时派上了用场。2022年4月，教育部印发《义务教育课程方案和课程标准（2022年版）》，"体育与健康"课占总课时比例超越外语，已成为小学、初中阶段第三大"主科"。

关于急救设施的使用，盛晓涵回忆救人过程，认为自己的处理方式不够完美，"我当时太紧张了。其实不远处有酒店，我应该赶紧让人去借一个自动体外除颤器来，说不定更有效"。2021年底，为落实《基本医疗卫生与健康促进法》《健康中国行动（2019—2030年）》有关要求，国家卫健委发布《公共场所自动体外除颤器配置指南（试行）》，为宝贵的生命提供了更切近的守护。

他人有难"敢帮助"，既需要个人具备挺身而出的勇气，也需要全社会营造良好的氛围，为见义勇为保驾护航。有记者问，遇到突然倒地的路人，究竟是上前救助还是旁观？很多人心存疑虑，你是怎么想的？盛晓涵说："我没考虑这么多，也没时间考虑这么多，唯一能想到的就只有与时间赛跑，去抢救下老人的生命。因为如果我救了，情况不一定会变得更好，但如果我不救，情况就一定会变得更坏。"有人说，万一老人没有被救回或者你被讹上怎么办？盛晓涵回答："如果一个人倒在地上，身旁路过的人都想'是不是会讹我，我会不会亏钱'，这个社会就输了。但如果人人都想'我要不要去帮他，他是不是遇到困难了'，不管最后帮没帮成，那么这个社会就赢了。"

党的十八大以来，以习近平同志为核心的党中央高度重视思想政治工作，各地各有关部门全面加强宣传引导、评选表彰、权益保障等工作，充分发挥思想、榜样、政策、法治、道德、舆论、社会、组织的力量，努力培育见义勇为的新时代社会风尚。盛晓涵先进事迹发布后，许多同学表示，他的勇敢让我们深受鼓舞，也意识到学好急救知识非常重要，万一哪天遇到危急情况，我们也真的可以上前挽救生命。

每个时代都需要爱心和担当。盛晓涵为了守护生命的温度，危急时刻挺身而出，在守望相助中促进社会文明进步，生动诠释了崇德向善的少年力量，也为新时代的见义勇为新风尚做出了完美注解——不必踟蹰，只需行动。

（2022年第6期）

钱海军：多行一步　多帮一点

海　兵　史常宝

在浙江慈溪，居民口口相传的"电力110"是一个手机号，机主是国网浙江慈溪市供电公司客服中心社区经理钱海军。现在，他接到的求助信息，发布在"钱海军志愿服务中心"微信群里，会有一千多名志愿者抢单服务。

1998年10月，居委会文书请求刚搬入中兴小区的钱海军：小钱师傅，你是电工，能不能免费帮我们小区修修电路？钱海军爽快地回答：闲话一句（方言，一句话的事），报酬不要。第二天，他早早来到居委会填写了一张申请表，从此踏上了"多行一步、多帮一点"的志愿服务之路，一走就是23年。回想自己坚守一线岗位执着志愿服务的初心，钱海军常会提起三位电工的故事。

第一位是他的父亲，共产党员，总是免费为左邻右舍修电灯、换保险丝，而且做这些事的时候一直乐呵呵的。朴素的家风滋养了一颗热诚的心：能用一技之长帮助别人是值得的，能够帮到别人，自己也会快乐。如今，钱海军一提起家人对自己公益事业的理解和支持，特别是女儿愿意追逐他的脚步，眉眼之间就会充满自豪与欣慰。

第二位是徐虎,共产党员,在房管所挂出"水电急修特约报修箱",下班时间义务服务居民,十多年从未失信。他的名言是:你不奉献我不奉献谁来奉献,你也索取我也索取向谁索取?当年,钱海军从职业高中毕业刚走上电工岗位,电视里、报纸上徐虎"辛苦我一人,方便千万家"的事迹报道,坚定了年轻人的公益心:我也是个电工,我也能做到。

第三位是林老先生,一位八级电工,再复杂的电路问题都难不倒的电工"大神"。1999年,钱海军帮林老修电灯时,老人落寞的神情和"人老了,没有用了,连个灯泡都换不了喽!"的黯然叹息刺疼了他:不管多能干的人,老来总是万事难,我该去帮一把。恤老的传统凝注了奉献的力量:一张张大字号的名片留在了空巢老人手里,"电力义工钱海军"从此没换过手机号,24小时开机,无论刮风下雨,从未令拨打电话的老人失望。

有人说钱海军"脑子坏掉了",钱海军只是笑笑:等他们老了,或者他们的电灯不亮、空调不转了,就懂我了;大家可以换个角度想想,每个人需要帮忙的时候,如果有人能马上出现,是不是会感到很温暖?虽然老话说多一事不如少一事,事多麻烦多,但我还是愿意尽力,多帮一个是一个。

技术好、服务好、口碑好是钱海军追求的"三好"工作标准,字面简简单单,真心去做才会知道其中的难度。

老人们节省,家里常有一些旧电器找不到人维修,便向钱海军求助。一开始他也不会修,但因为不忍心让求助的老人失望,就暗里花钱请专业的家电维修师傅冒充自己的同事一起上门,帮老人把电器修好，他顺便在一旁"偷师"学上几招，再加上自学钻研，慢慢地，一些家用电器的常见故障他也能手到"病"除了。

在钱海军眼里，电路故障维修不是简单地换个保险、推个闸——为什么会出现故障？是用电设备老化了还是漏电了？一定要把根源找出来，解决好才行。他希望用户相信"这活儿是钱师傅看过的，那就放心"。逐渐地，"万能电工"小钱师傅水平高、态度好、干活不分"表前表后"的名声不胫而走。

"表前表后"是行话。以用户电表分界，表前，是从电网进入电表的线路，归供电公司维护；表后，是电表伸向用户家中的线路，归用户维护。钱海军坚持自己贴材料，免费为用户解决"表后"电路问题。他汽车的后备厢里装着自费买来的各种元件，开关、插座、启辉器、灯泡……该去哪家店买什么，他心里都有数，可问起这些年究竟贴进多少材料费，他总是笑着摇头说：不知道。

随叫随到是钱海军的承诺。无论路途远近，接到求助电话，他总是爽快地回答："我马上来"，然后便会如约出现在求助者面前。最忙的时候，他一天接过21个求助电话。除夕之夜，求助电话一个接一个，他接连跑了4户人家，半夜回到家泡碗方便面权当"年夜饭"。大年初四，他帮老人更换线路，从早上8点一口气干到下午3点，连老人给的水都不喝一口，老人说起来直流泪："这个社会有这么好的人啊！"有的老人求助的不仅是用电服务，还有真心的关怀，他有时维修只花十几分钟，但会陪老人聊天一两个小时，只为老人笑得开心。

钱海军的事迹从百姓口口相传逐渐得到社会认可。2012年起，国网浙江、宁波、慈溪三级公司推动，陆续成立了数十支钱海军共产党员服务队和钱海军志愿服务队、钱海军道德模范工作室，在民政局注册了钱海军志愿服务中心，着力发挥先进典型的示范、带动、辐射作用。目前，根据"规范化、项目化、平台化、联盟化、品牌化"思路，按照"社会组织发起、供电公司支撑、公益联盟实施、专业机构监审"的项目管理流程，钱海军志愿服务中心发展了25支志愿服务分队和16家集体志愿者，共铸起"钱海军"志愿服务品牌。

无偿服务能否高标准？不收费是否会不负责任？志愿服务也会遭遇质疑。钱海军经常对大家说：无论是做本职工作还是志愿服务，都要不断扩充知识储备，提高服务标准，帮忙才能帮到点上；干工作绝对不能不懂装懂，能做到的，就马上到、马上修、马上好；不能胜任的，也要实话实说，这才叫负责任。团队组建之初，钱海军心里多少有些迟疑，觉得做志愿服务，自己一个人就行。后来他发现，大家加入之后，服务半径扩大了、服务内容丰富了，更多的群众获得了更周到的帮助，一些过去自己一个人有心无力的"大活"也可以实施了。于是，他主持制定标准化管理手册和服务手册，推动团队组织管理的细化、量化、标准化，力求提高志愿服务组织内部治理水平。

钱海军志愿服务中心吸纳了1200余名在册志愿者和500余名社会志愿者参与日常服务，他们不仅技术、服务几乎和钱师傅一样好，而且，不管与用户感情多亲密，也不喝用户一口水、不拿用户一分钱。他们说，钱师傅教过，如果喝一口水，那两口呢？两口喝下去，那饮料呢？饮料喝了，那吃顿饭呢？再小的事情都不能放松！2015年，在钱海军倡议下，"千户万灯"残疾人贫困户室内照明线路改造公益项目启动，项目两次获得中央财政立项支持，开展了"千户万灯"进西藏公益行，并成立了首个省外服务队。该项目在浙、藏、吉、黔、川五省累计服务6047户，惠及6万余人。此外，他们还持续推进了"关爱空巢老人"暖心行动、"星星点灯"未成年人社会体验、无偿献血、表后电力维修、扶贫助学、心理援助等志愿服务项目。

23年一路走来，钱海军服务用户1.3万人次，资助27名贫困学生，成为100多位空巢老人的"好儿子"、慈溪百姓有口皆碑的"万能电工""全能义工""慈溪老娘舅"……他带动志愿服务团队走千户、修万灯、暖人心，他是新时代劳动模范的优秀代表、共产党员的先锋榜样，被中宣部授予"时代楷模"称号。

钱海军说：我坚信我们能一直走下去，下一步，我要为实施"全国乡村电工培训计划"贡献力量，我们要通过培养乡村电工，让千家万户更加明亮、更加温暖。

（2022年第7期）

何贤达："王牌号手"

李永飞　郭海涛

　　火箭军某旅"导弹发射先锋营"一班班长何贤达，国字大脸上两道浓眉，25年军旅岁月在他身上刻下特有"气质"：身板挺拔如松，训练场上目光犀利、声如洪钟，口令掷地有声。他精通3型导弹武器，5次荣立军功，是"全军爱军精武标兵"、火箭军"十大砺剑尖兵""优秀共产党员""好班长标兵"，两获全军士官优秀人才奖一等奖……

　　"王牌号手"，是导弹发射操作手中的王牌。何贤达这个"王牌号手"却是从炊事班走出来的。

　　1997年，从小就梦想着"骑马挎枪走天下"的何贤达，从湖南平江入伍。新兵下连，被分到炊事班。何贤达找到连长："我想到战斗班打导弹！"结果，吃了个"闭门羹"："要想当个好兵，哪个岗位都能出彩。"何贤达把心一横，一边唱响"锅碗瓢盆协奏曲"，一边自学导弹发射专业知识和操作技能。白天一有空就用柴火当模拟器材，摆开"战场"练操作；夜里挑灯苦读，把厚厚一摞专业教材翻得卷了边。半年后，全旅大考，炊事兵何贤达名列导弹专业三甲，从此登上吊车，成为一名导弹转载号手。

翻开何贤达的成长履历，当吊控号手，他是全旅兵龄最短、业务最精的操作骨干；操作导弹发射最难的"一号手"，他是全旅第一个担此重任的战士；当发射指挥长，他是战略导弹部队第一批发射士官指挥长……无数的第一，多到他自己都数不清，但有一点他很清楚：作为中央军委授称的"导弹发射先锋营"的兵，"争第一、当王牌"，这是"战斗姿态"。

何贤达到底有多牛？他是一级军士长，这是中国士兵的最高军衔，俗称"兵王"，被网友称为"比将军还少的一级军士长"。近年来，火箭军研究制定工匠型专业技能士官、专家型专业技术士官、复合型指挥管理士官"三型"人才培养计划，何贤达赫然在列。战友们扳着指头，对他的"数字新闻"如数家珍：精通10多个岗位操作，参与编写20多种专业教材和40余项规程规范，排除200余起装备故障，夺得14次比武冠军，被评为火箭军最高等级的一级操作手、一级指挥长。他参加过庆祝建军88周年国防部招待会、庆祝中国共产党成立100周年大会和第七届世界军人运动会火炬传递活动……

有一年，何贤达所在旅转战西北，即将迎来该旅历史上第100枚导弹升空。百箭腾飞，事关重大，谁当驭剑出征？"何贤达带队去，我们放心！"营党委如此决定，何贤达欣然领命。虽然，除了他，其他号手都没有实弹发射经历，还有3名新号手定岗不足两个月，但他对领导说："打仗就该这么干，你们放心，我肯定不会让大家失望。"何贤达用一个多月时间，组织号手强化训练，手把手传授经验。寒冬时节，戈壁滩上气温零下30摄氏度，手碰到金属表面一不小心就会粘掉皮。大家克服重重困难苦练精训，如期拿到了导弹发射“入场券”。发射场上，何贤达手握秒表，准时下达“点火”口令。随着轰天巨响，导弹消失在湛蓝天际，数分钟后准确命中目标。

何贤达不仅是发射架下的“王牌号手”，还是全旅公认的“首席创客”。营里专门为他和他的团队设立了一个创新工作室，名曰“砺刃”，房间虽不大，成果却不少，30多项发明革新和训法战法，全部在训练场上落地生根。一次演练，导调组突然宣布2名号手“退出战斗”，“打”得何贤达措手不及，导致“败走麦城”。战罢归营，他心里仍在“后怕”：“少了两个人，误了一发弹，这要真打起来咋交代？”一遍遍回放、一次次烧脑，一个大胆想法跳了出来：“减员操作”。这想法让不少人捏了一把汗：“导弹可不是闹着玩儿的，哪能随便修改规程！”可何贤达认准了这条道儿，带着一班搞起“试验田”。经过反复研究论证、试训，最终将发射号手减少1人，还摸索出“号手随机互换、单元随机重组”的全新“东风剑谱”，成果得到推广。

“兵是兵，将是将，兵头将尾就是班长……”当班长21年，何贤达被评为“全军百名好班长新闻人物”，被火箭军2次树为“好班长标兵”，他带领全班20多次夺得上级军事技术比武冠军，2次荣立集体三等功。

一班不一般，班长是标杆。在何贤达看来：“一班之长，不仅自己要成才，还要带动全班成才！”在“先锋营”采访，碰到不少干部骨干，都曾是何贤达带过的兵。“先锋营”营部参谋张磊，曾是一班的大学生士兵。刚入伍时是个"小胖墩"，体能不过关，体重老超标。何贤达带着他"迈开腿"，盯着他"管住嘴"。当兵第二年，张磊肉下去了、本事上来了，参加考学提干。现在见了何贤达，还一口一个"何班长"。一连指导员李磊，2013年9月入伍到一班，第一次5公里越野就被何贤达超了两圈，把他搞了个大红脸。何贤达跟他结成对子手把手地帮、面对面地带，一直到他走进军校大门。几年后，李磊回到一连任指导员，面对30多个比自己兵龄长的"老班长"，心里有点发怵，何贤达再次靠上去："有我在呢，你放开手脚干！"李磊感动地说："这种感觉仍如当年，有你在我就有信心。"

良匠无弃木，好班不挑兵。何贤达常说，要把一班打造成"淬火炉"，进来都得变成钢。他为每名战士画出"路线图"，科学确定成才目标。下士黄德斌，电脑玩得溜，何贤达就让他干通信号手，还请来2名"高手"面授机宜，很快他就坐上了全旅比武的"擂主"宝座。初中文化的汪国平，本打算学有难度的"1号手"，何贤达认为"目标过高"，为他调整了岗位，不仅培养出独当一面的专业大拿，还鼓励他函授学习圆了"大学梦"。

何贤达带兵出了名，多次巡回部队作宣讲，不少人找他请教带兵之道，他说："管用的招法很多，但最重要的一点，就是不仅要带着大家占领导弹阵地，更要引导大家守好思想阵地。"有一年，班里分来个新战士，思想活跃，有的认识却有些片面，"私下聊的"一度搅乱"课上讲的"。一个周末，何贤达在班里摆开桌子，要和新战士搞个"个人辩论赛"。新战士认为国外"收入高、经济好",何贤达就透过中外百年历史"比增速、看发展";新战士感叹身边"房价高、看病贵",何贤达就列举50多组数据阐述"辩证看、务实办"。一番舌战,新战士心服口服,后来参加了实弹发射,多次登上光荣榜。

2021年,何贤达作为"在党旗下成长·我的奋斗故事"火箭军高级士官代表宣讲团成员,从中原腹地到西北高原一路巡讲,数万人聆听兵王故事,记住了这位老兵的铿锵誓言:首部火箭军题材电视剧《号手就位》让大家知道了号手,我和我的战友早已"号手就位",把理想的弹道,修正出最佳精度,用沉默的心语,履行对党的庄严承诺——随时待战、全时能战、制敌胜战……

(2022年第8期)

最美拥军人物：军民团结"最美"的见证

陈　飞

军政、军民团结是我们党和国家的显著政治优势，革命战争年代人民群众拥军爱军，创造了不朽的功绩，拥军模范可歌可泣的事迹绘就了军民团结一家亲的生动画卷。新时代，军民融合发展战略为拥军工作在弘扬传统的基础上不断创新指明了方向，拥军模范宣传呈现出新的面貌。2014年以来，中宣部先后与民政部和退役军人事务部、中央军委政治工作部、全国双拥办联合开展了三届"最美拥军人物"先进事迹评选发布活动。30位"最美拥军人物"弘扬爱国拥军光荣传统，积极融入部队建设改革和练兵备战，满腔热情为军人军属、退役军人和其他优抚对象排忧解难，为军民鱼水情书写了时代新篇。

"最美拥军人物"不少出自"拥军世家"，"拥军"是他们的家风。江苏的曹迎军、倪振娥夫妇，30多年倾力回报解放军救命之恩，不仅在自家经营的上百辆客运汽车上挂起"拥军服务车"的牌子，坚持现役军人、老复员军人、残疾军人乘车一律免费，而且让儿子、女儿都参军服役，女儿曹恒退役后和父母一样常年拥军，儿子、儿媳、孙子也陆续加入拥军行动，全家拥军，传为佳话。山东的于爱梅是"沂蒙母亲"王换于的孙女、"百岁红嫂"张淑贞的女儿,她发起成立沂蒙红嫂协会、沂蒙精神传承促进会,一家三代数十年如一日,弘扬拥军传统。

中国有22000多公里的陆地边界线,在边防巡逻队伍里常有义务护边员和巡逻向导的身影,他们是不穿军装的流动哨兵。新疆的柯尔克孜族牧民加尔买买提·阿卜都热合曼、塔吉克族牧民巴依卡·凯力迪别克和内蒙古的蒙古族牧民阿迪雅是其中的三位。他们居住在边境线上,有的祖孙三辈、有的父子两代接力护边,年复一年,或走羊肠小道怪石坡、穿峭壁千仞无名谷,或策马在茫茫草原,他们参与边境踏查、围阻疑犯,不时与死神正面较量,只为守护自己世代生长的地方。

江西的张秀桃、河南的吴新芬、云南的宋妍嫱,共同的身份是军嫂,她们倾心守护自己的"真心爱人"。"我不是同情,而是爱你这个人。纵使我有一千个离开你的理由。我也会找到一千零一个理由来用笑容接纳你,陪你度过今后的岁月。……只要我们真心相爱,在一起就是最大的幸福。"西藏某边防部队军人王俊景因公负伤截肢后,收到了女友吴新芬这封情书。为国防献身的英雄是一个个活生生的人,遭受巨大创伤时需要亲人的守护。正是一个个张秀桃、吴新芬、宋妍嫱,用爱,用日复一日的陪伴、照料,帮助他们在温暖中逐渐平复伤痛,坚强、乐观地拥抱挚爱真情,振奋精神开启新的生活。

子弟兵的"兵妈妈"数不清。河南的乔文娟,为了给身患白血病的战士寻找骨髓配型,行程上万公里,终使战士重获新生;

她成立"乔文娟拥军优属服务中心"，悉心照料20多名身患绝症的战士。黑龙江的付淑芝，丈夫、儿子都是烈士，牺牲在消防火场。她20多年坚持为消防战士洗衣服、缝被子、织毛衣、包饺子，成为战士爱戴的"兵妈妈"。还有四川的罗大富、重庆的张兴会，以她们为代表的无数"兵妈妈"，为军营增添了家的温暖。

部队后勤保障，群众鼎力支援。西藏的村支书次仁罗布，组织村民配合部队守卡、巡逻，为部队提供充足的物资保障，他以身示范，引导青年、返乡退伍军人留在高原、建设家乡、守护边境。山东的"拥军船"船长集体，在村党委的领导下，60多年五代船长接力保障"拥军航线"安全顺畅，村里始终坚持用最好的船只、最好的舵手、最好的码头义务为驻军服务。海南的梁彩雄，祖孙三代为驻岛部队送菜，岛上给养出现困难，他在热带风暴巨浪中出航登岛，驻岛官兵雨中列队，向他致敬；面对渔老板高薪聘请，他说："我不能为了钱，把几代人为部队送菜的传统给丢了。官兵是我们的亲人，我家的船不管传多少代，只要部队需要，就一直送下去。"

部队人才培养，社会广泛助力。湖北的郭海明，在武昌职业学院推行军事化管理，按照部队需求，开设电子对抗、雷达预警、无人机应用等多个专业，并签署定向培养协议，为部队培养输送士官生。福建的曾淑煌，精心安排优秀教师为驻军官兵补习文化，进行专业培训，助力战士考军校。驻军部队也主动支持学校各项建设，军地实现优势互补、互促共赢。河北的高英，组织科技走军营活动，安排农学专家为战士传授养殖、种植、食品安全等知识，为战士退伍回乡创业打下基础。云南的张斌，随拥军慰问团到边防哨所传授书法知识，为部队培养书法爱好者，并推荐吸纳部队官兵加入省书法家协会。

部队科技兴军，民企积极参与。云南的许绍坤，以民企为依托，在军地有关部门指导下，组建了以退役军人为主体的全国首支民兵数字化应急通信分队，参与了100多次国防动员演习和抢险救灾通信保障。陕西的王宝和，带领企业研发、生产轮式装甲防暴车、水陆两用摩托车和空中突击旋翼机等产品，填补了国内防暴、维和装备的数项技术空白，多项产品投入部队使用。他还投资建成旋翼机训练场、模拟教学系统，助力官兵训练，提高技术水平。

拥军不是做慈善，而是尽义务。福建的张富英，在政府指导下积极探索社会化拥军新模式，凝聚百余家企业组成拥军"联合舰队"，为退役军人建设创业就业信息化平台，与十余个团以上单位军民共建，与千余个困难官兵家庭结对帮扶，安置退伍军人和军人家属数千人，成为非公经济组织拥军的典范。广东的莫浩棠，参战立功退役之后，创业不忘部队，在政府指导下发展社会化拥军力量，成立东莞市爱国拥军促进会，为优抚对象排忧解难。他还和战友们成立了"互助基金会"，他说："对被帮助的战友来说，总是某个人去帮他，会感到不好意思。但有基金会来帮助的话，他会觉得这是社会的援助，是党和政府的关怀，感受是完全不一样的。"河北的王启发，退役不褪军人作风，创业成功后，敞开大门吸纳退役军人、军属。重庆的王建，退伍之后创建

"军魂园"，专门免费安葬英雄烈士和牺牲军人，并为英烈塑像。山东的袁殿华，服役期间因公致残，退伍回乡后不依赖优抚金生活，带领战友创办伤残军人福利厂，接收残疾人就业。湖南的贺晓英，在光荣院工作35年，一心一意为老红军、老八路、老战士和烈属们养老尽孝，温暖了老人、感动了社会。四川的抗美援朝老战士涂伯毅年逾九十，仍坚持不懈积极宣讲战斗经历，弘扬爱国主义精神，激发群众拥军热情。

拥军的光荣传统，在人民和军队长期团结奋斗的艰苦历程中赓续传承，它凝结了血脉相连、生死与共的真挚情感。"最美拥军人物"的宣传，将激励广大军民自觉投身拥军优属、拥政爱民实际行动，助力实施军民融合发展战略，为巩固和发展军政军民团结，实现党在新时代的强军目标汇聚起磅礴力量。

（2022年第8期）

最美教师：闪亮在学生心里

陈　风

　　2022年7月4日，海南省屯昌县乌坡镇芽石铺村少数民族教学点，李修雄老师在给一年级二年级复式班的全体4名学生上最后一课。5年前，教学点从简陋的石板房搬进新改造的楼房，教学条件明显改善，教室的黑板上，既有拼音，又有数学题，还有英文字母，李老师辅导每个学生完成了各自不同的学习任务。为整合教学资源，9月新学期开学，这个教学点将撤并，孩子们会转到乌坡镇的学校就读。李老师是2011年首届全国"最美乡村教师"之一，他独自在这个教学点坚守了30年。今年5月，他年满60岁已经退休，因没有新的老师来对接，他坚持到期末把课程教完。下课了，李老师站在教室门口，笑着摸摸每个孩子的头，孩子们眼里泛出泪花，主动抱住他，他拍拍孩子们，挥手告别，告别自己最后一批学生，也告别自己的教师生涯。

　　2011年，光明日报社、中央电视台、北京广播电视台联合举办首届"寻找最美乡村教师"大型公益活动，数百名记者深入农村，聚焦乡村教师，报道他们的日常工作、生活，塑造了在清寂、简陋中坚守的乡村教师群像，为喧嚣、繁华中追逐的人们提供了别样的生存参照，社会反响强烈。其后，活动每年举办，成为社会公益宣传的品牌活动。同时活动也逐渐演进，2015年扩充为"寻找最美教师"，2020年转为中宣部、教育部、中央广播电视总台联合主办的"闪亮的名字——最美教师"发布活动。十多年来，活动持续发掘宣传优秀教师典型，在全社会弘扬尊师重教良好风尚，陆续推出的百余个"最美教师"个人及团队，覆盖了基教、职教、高教、幼教、特教等各级各类教育，成为全国1700万教师的典型代表。展现出教师队伍有理想信念、有道德情操、有扎实学识、有仁爱之心的良好精神风貌。

义务教育是国民教育的基础。目前，全国九年义务教育巩固率95.4%，专任教师1057万名。最美教师中有一半来自这个群体，他们担当起保障学龄儿童普遍接受义务教育的重任。为了让几个、十几个、几十个孩子不辍学，一个个"最美教师"付出了自己全部的刚性、倔强的艰辛努力。他们长年坚守偏僻的教学点，为偏远地区的孩子就近入学创造条件；他们一户户劝说，甚至帮助学生家长找工作、提高收入，以免学生被迫辍学；他们铺路、架桥、摆渡，甚或背着、抱着、扛着学生跋山涉水到校、回家，保护他们求学路途中的安全；他们种菜、养鸡、养羊，为的是学生们能够寄宿在学校不再冒险跋涉……教育不止于教学，他们体会很深；幼吾幼以及人之幼，他们理解很透。但他们大多年过半百，最担心的问题就是自己退休之后，谁来教偏僻乡村的孩子们读书。

国家在逐步健全控辍保学、联控联保长效机制，同时创新农村学校教师补充机制，为解决农村学校师资总量不足和结构不合理等问题，实施了特岗教师和公费师范生等政策，并推动开展各级各类志愿支教活动，年轻一代正从前辈手中接过重担。张杰、王秀秀，师范大学毕业后，成为山西省第一批特岗教师。他们上岗第一天，58人的班级里只坐了37人，为了不让孩子失学，两位年轻人挨家挨户上门家访，终于把所有学生劝回了学校。2021年，全国义务教育在校学生1.58亿名，小学净入学率99.9%。

目前，全国共有职业学校1.12万所，职业教育每年为产业输送1000万高素质技术技能人才。吕杰、禹诚、张赛芬、赵计平、高文铭、万荣春、赖勋忠是129万名各级职业学校专任教师的代表，他们共同的目标是培养大国工匠。他们当中有国家首批示范院校重点专业带头人、国家级技能大师、世界技能大赛金牌教练、数控车床专业教师、动画设计金奖导师……职业学校的学生普遍对学习缺乏自信，张赛芬作为非专业女教师，以身作则，跟学生们一起上课、一起练习、一起考证，培养共同语言，用无声的教育，改变学生的认知；万荣春博士来自名校，他通过耐心的示范，培养学生们良好的学习习惯，在传授技能的同时，带领学生搞学术研究，让职业学院的学生体验到研究生的学术氛围，使基础薄弱的学生理论素养得到明显提升。

高等教育发展水平是一个国家发展水平和发展潜力的重要标志。大学之大，在于大师。"最美教师"中高龄的先生们集中在高等教育领域。叶嘉莹、陈先达、陈予恕、戚发轫、钱易、殷鸿福、郑时龄……先生们已是耄耋之年，他们的很多学生都已经退休，而他们却还保持着工作的状态，87岁的钱易先生至今还在坚守讲台，且坚持全程站立上课。钱先生是环境工程专家、中国工程院院士，她有很多头衔，可她说："我的一生谈不上任何的成绩，够不上大师的帽子，但有一点，我觉得非常有收获，就是当了一辈子教师。"学生的需要就是教师的方向。她一直坚持给本科生上公共课，经常告诫学生，做环保，一定要身体力行。她注重在工作生活中贯彻环保理念：上课时，要求学生集中就座，以便教室空闲区域可以关灯节能；夏天，一般只开电扇，不开空调；为避免单人使用电梯，宁可自己爬楼梯；坚持绿色出行，不让车接车送……她认为，当老师最重要的不是传授知识，而是教给学生做人的道理——要做一个有担当、有责任心的人。她说，人们老说后生可畏，总有些害怕被学生超过的意味，作为一名老师，她体会到的是后生可"慰"，能看到学生们取得骄人的成绩，一个一个超越她，是她最大的幸福。陈先达先生也有同样的感慨，有诗为证：半世文章皆废纸，毕生功名只书痴，唯有一事最得意，弟子才高压倒师。

人生百年，立于幼学。学前教育俗称"幼教"，中国现有幼儿园园长及专任教师350万名。吴述玲、周丽娜、徐菊萍、范徽丽、艾米拉古丽·阿不都、周贤怡、马文燕、王隽枫……她们努力让好习惯陪伴孩子一生；躬身践履"呵护童真、激发童趣、追寻童梦"的教育理想；在偏远农村、民族地区兴办正规的"孩子们真正需要"的幼儿园；不畏艰辛，让海岛的幼儿、移民子弟都同样享有公平而有质量的学前教育……

教育是一个讲求奉献的职业，而从事特殊教育，更需要特别讲求奉献精神。次仁拉姆、蒋春凌、郑璇、谭蕴华、梁琰、张龙、张美丽、吉思妞、申承林、吉拉……他们每一个人都用自己的不懈努力，为可爱的生命打开一扇窗、撑起一片天。他们希望，有一天人们对特教学生的想法可以改变，不再用"残疾"这类标签，而能够发现这是一批拥有另类天赋的人才。如果大家不再习惯性地盯着常人能做到但特教学生做不到的事情，而是去发现特教学生能够做到但常人做不到的事情，也许就能帮助学生们发出自己的光。

李保国、黄大年、张伟、莫振高、李芳已经远去，但他们的名字，依然闪亮在学生们心里。"最美教师"发布活动，有一首致敬获奖教师的保留曲目《最美的你》，每每童声悠扬：爱听你的课，爱看你的笑，爱闻你身上书香（田野）的味道……

（2022年第9期）

人民满意的公务员：把人民放在心上

陈　风

2022年4月，中共中央办公厅、国务院办公厅印发《关于做好全国"人民满意的公务员"和"人民满意的公务员集体"推荐评选工作的通知》。8月30日，表彰大会在京举行，习近平总书记亲切会见受表彰代表，勉励他们牢记使命责任、勇于担当作为。大会表彰了397名个人和198个集体，他们是广大公务员队伍的优秀代表，彰显了新时代公务员队伍忠诚干净担当的公仆本色。这也是中共中央、国务院首次开展全国"人民满意的公务员"和"人民满意的公务员集体"表彰活动。

1993年8月《国家公务员暂行条例》发布，标志我国的公务员制度正式建立。自1996年原中华人民共和国人事部首次授予5位国家公务员"人民满意的公务员"称号，至2019年该项表彰活动开展了9次。中宣部、中组部、人力资源和社会保障部、国家公务员局等部门陆续参与组织评选表彰，集中树立和宣传了一批公务员先进典型，起到了激励、示范、带动作用。

《中华人民共和国公务员法》规定：公务员是人民的公仆。公务员应履行的8条义务第3条是"忠于人民，全心全意为人民服务，接受人民监督"。做人民公仆，为人民服务，让人民满意，这是开展公务员评选表彰活动的主旨，也是广大公务员的奋斗方向。

做人民公仆。2004年第六届"人民满意的公务员"任长霞，1983年加入公安队伍，从事预审工作13年，协助破获了大案要案1072起，追捕犯罪嫌疑人950人。她担任河南省郑州市公安局技侦支队队长时，深入虎穴，化装侦查，先后打掉7个涉黑团伙，抓获犯罪嫌疑人370多名。她担任河南省登封市公安局局长3年，解决了十多年的控申积案，破获案件3000余起，打掉涉黑团伙2个，抓获各类犯罪嫌疑人4000多人。她把每周六定为局长接待日，共接待群众来访来信3400余人（件）次，通过解决实际问题，使476户群众罢访息诉。2001年，登封市大冶镇西施村煤矿发生特大瓦斯爆炸事故，13名矿工遇难。任长霞在处理事故过程中，得知11岁的女孩刘春玉因父亲遇难、母亲心脏病突发去世，成了一名孤儿，便毫不犹豫承担起孩子生活和学习的全部费用。2002年，任长霞在全局发出倡议，开展"百名民警救助百名贫困学生"活动，全市有126名贫困学生得到救助，重新回到课堂，孩子们亲切地称她为"任妈妈"。任长霞说过，我们人民公安的公字，不是公侯的公，不是主公的公，我们做的是人民的公仆，保的是人民的公安。2004年，任长霞因公殉职，年仅40岁，她的事迹至今在人民群众中广为传颂。

为人民服务。2022年"人民满意的公务员"孙超，17岁从河北入伍，来到新疆公安边防总队红其拉甫边防检查站，扎根边检26年。帕米尔高原上的红其拉甫口岸是中国与巴基斯坦之间唯一的陆路口岸，平均海拔4000多米，高寒缺氧，无霜期不足60天。20多年前的红其拉甫种不出蔬菜，只能从300多公里外的喀什市运输，山高路险、运输不便，长期吃不到新鲜蔬菜的官兵脱发、嘴角溃烂、手脚蜕皮，甚至患上夜盲症。当单位尝试种植大棚蔬菜时，孙超自告奋勇承担种植管理任务。第一年，他一无所获，种下的菜籽要么不发芽，发了芽也很快就枯萎。孙超不服输，刻苦钻研高寒地区蔬菜种植技术，测地温、量酸碱、半夜烧柴给大棚保温……经过两年多试验，写下50余万字的笔记，终于成功探索出内地的营养钵育苗技术与高原特点结合的"移栽法"，实现了30余种蔬菜的规模化种植，后来又修建地暖温室大棚，彻底改写了当地冬季无法种植蔬菜的历史。如今，红其拉甫边检站共建成10亩现代化蔬菜大棚，新鲜蔬菜自给率达80%以上，被称为"万仞冰峰"上的"十亩江南"。孙超的高原蔬菜种植技术，很快在驻地塔什库尔干塔吉克自治县产生辐射效应，驻地部队和地方部门纷纷派人到红其拉甫边检站学习观摩，他也经常深入各乡镇为当地群众传授大棚日常管理方法和高原种菜技术，先后帮助农牧民建起100多座蔬菜大棚，带领一批家庭走上了致富路，乡亲们亲切地称孙超为"菜博士"。获得荣誉后，孙超对记者说："我将一如既往扎根边疆、守好国门、服务好辖区群众。"

让人民满意。浙江省舟山市岱山县气象局局长赵虎炯爱给大家做菜，他常说，做菜，让人吃饱算及格，想把菜做到大家心坎儿上得花工夫去琢磨、去尝试——光自己说好不行，大家都说好才是真好。这话是生活的体会，也是这位"人民满意的公务员"服务人民的感悟。岱山是海上悬岛，台风、雷暴、海上大风等高影响天气多发频发，赵虎炯说，守在岱山气象局35年，他和干部职工一起只干了一件事——把天气常常告诉老百姓。他们是海上风险的"瞭望者"，守护着全县近2000艘渔船、3万渔民和多个重大工程项目；他们是科学增收的"护航者"，创新性开展分海区休闲渔业营运区域海上风力预报，每年休闲渔船适航天数平均增加80天以上，全县休闲渔船和渔家乐等经营者年增收超过5000万元；他们是科学知识的"传播者"，推动中国台风博物馆和秀山小学两个"全国气象科普教育基地"的建设，牵头组建科普志愿者团队，开展面向"船老大"的安全教育气象一堂课培训……让防灾减灾科普切实惠及百姓。赵虎炯时常提起：1959年4月11日，舟山数千渔民在江苏省吕泗洋渔场生产时突遭10级以上大风袭击，1178人死亡，他的两位叔祖父不幸遇难，因此，对气象工作不敢有丝毫懈怠，"宁听骂声，不听哭声"，做气象就是做"良心"，这些都是发自他心底的话。

"人民满意的公务员"长年在各自的岗位上默默奉献，有的人在窗口，直面人民群众的急难愁盼、喜怒哀乐，任劳任怨；有的人在幕后，为了百姓的公平、安宁、便利而孜孜不倦……他们每一个人都是带头坚持以人民为中心，密切联系群众的表率；带头贯彻新发展理念，推动高质量发展的表率；带头遵守制度，执行制度的表率；带头立德修身，涵养廉洁文化的表率。他们满怀做人民公仆的热心用实实在在为人民服务的行动赢得了人民满意的赞誉。

（2022年第10期）

最美自然守护者：国之所需，我之所向

陈　风

　　人类对自然的认识，影响着人类与自然的关系。一味强调利用自然、征服自然、改造自然，其中暗含着人类与自然对立的观念，而将人类看作自然密不可分的一部分，才会提倡尊重自然、顺应自然、保护自然。日前，中央宣传部、自然资源部向社会公开发布首届十位"最美自然守护者"先进事迹，展现全国150万名自然资源工作者的风貌，引导社会公众树立生态文明理念和严格保护、节约利用自然资源的意识，为自然资源事业改革发展营造氛围，为建设人与自然和谐共生的社会主义现代化国家凝聚力量。

　　我国土地、矿产、森林、草原、湿地、海洋等自然资源实行公有制，自然资源工作者肩负着全民所有自然资源的资产所有者职责和所有国土空间用途管制职责，为了守护山水林田湖草沙，他们的足迹遍及高原冰峰、海洋小岛、塞外林场、大漠戈壁、城市乡村，"国之所需，我之所向"是他们共同的信念。

　　我国是世界上地质灾害最严重的国家之一，经过长期努力，防灾减灾取得了举世公认的成效。滑坡预警监测是全球性难题，中国地质环境监测院首席科学家殷跃平提出，滑坡可以进行普适性监测预警。在该项目试点推广中，成功预测多起地质灾害，推动了地灾监测预警从"人防"到"技防"的提升。殷跃平说："灾害的应急处置，专业队伍应与社会队伍结合，发动全社会的力量才能做好。"四川省绵阳市安州区高川乡自然资源所马银国，时刻警惕着笼罩在全乡6000人头上的地灾隐患，与地质灾害监测员一起去山沟观察破碎的山坡与河床，加强地灾预警是他的常规工作，42年里累计组织安全转移群众1900余人次、避险69起，实现了全乡自汶川地震之后连续13年无地质灾害导致人员伤亡。

自然资源部第一大地测量队七测珠峰，任秀波两次参加珠峰复测。2005年他在海拔6500米以上区域作业43天，成功将重力测量推进到海拔7790米，获取三维坐标并攀登到海拔8000米。2020年任秀波近两个月时间坚守在海拔5200米的珠峰大本营，并多次前往5800米以上的登山路线培训年轻队员。他长年奔波在野外测绘一线，参与了中国公路网、国家重力网、汶川地震灾后恢复重建等30多项国家重大工程。

金矿资源是国家重要的战略性矿产资源。山东省地质科学研究院科技创新中心李大鹏，2012年博士毕业放弃留京，带着妻儿来到泉城，踏上"找金"之路。当时，山东矿产开采已经走在全国最前列，深度达到1500米，但与世界先进水平有很大差距。李大鹏所在团队通过创新成矿理论，在胶东莱州焦家金矿带成功实施3266米"中国岩金第一见矿深钻"，在垂深近3000米处发现25米厚金矿体，实现我国金矿深部资源勘查重大突破。

内蒙古自治区乌兰察布市兴和县苏木山林场董鸿儒，今年83岁，1958年他步行到县城40公里外的苏木山当起护林员，一护就是一辈子。无论职务如何变动，他都有一个要求：不去机关上班，留在林场。他和林场职工一起，把荒山秃岭变成了华北地区最大的人工林场、国家AAAA级旅游景区。他们当年在苏木山植树，杨树、桦树、杏树、榆树……不管下多大功夫就是种不活，连续三年造林失败，林场濒临撤销。他四处学习、不断摸索，终于找到适合苏木山自然特点的华北落叶松，种植当年成活率达到90%。这项成功，填补了内蒙古西部高寒山区植树造林的空白。

生物多样性保护中重要的一项是鸟类栖息地保护。上海市崇明东滩自然保护区管理事务中心钮栋梁，守护着大批远道而来的越冬候鸟。多年来，他组织保护区执法人员和边防干警一起，破获多起非法狩猎案，斩断了一条条破坏野生动物资源的犯罪链条，同时，他积极投入遏制外来入侵植物对保护区破坏的持久战。互花米草1979年引入中国，20世纪末在东滩保护区内出现，通过自然扩散，不断大面积繁殖，严重侵害土著植物生存，造成依赖土著植物的鸟类生存空间缩小。他领导开展保护区的互花米草生态治理，通过科学、韧性的工作，东滩生态修复项目实施区域内，土著植物恢复良好，生态效益增强，鸟类种群数量显著增加。

海洋防灾减灾重在预报。千里岩是黄海中部一座孤岛，北上影响黄渤海的台风，在这里能够提前准确观测，对发布风暴潮预警、确保海上航行安全和沿海群众生命财产安全十分重要，因此，被确定为国家基本发报站。千里岩海洋环境监测站站长姜文凯，就是坚守在这里的"情报员"。这个0.135平方公里的小岛地势陡峭，无土壤、无淡水、无居民，姜文凯守了25年，最长一次在岛上值班217天。从前，预报完全依靠监测站人工抄表、按时发报，按规定每天要固定发报4次，一旦发生地震或海啸，海水的各项参数就可能异动，所以，越是极端天气，数据越宝贵，"到点了，就是下刀子都要去把数据抄下来传回去，绝对不能丢数据。"每一次预警都是无数"情报员"忘我努力的成果。

粮食安全是国家安全的基础，切实保护耕地是基本国策，保耕地就是保发展。杭州市国土整治中心沈乐毅从2015年起牵头组织杭州市永久基本农田划定工作，创新提出"多规融合、优化生态、集约用地、都市农业、农耕传承"等具有杭州特色的"五个保良田"模式，被称为"杭州样板"。河南省漯河市自然资源和规划局农村乱占耕地建房整治办公室张辉，严格执法，核查整改违法用地1100多宗、8300多亩。执法巡查中他常会遇到这样的问题：群众在自家房后占地盖个圈，喂个鸡养个猪，不知道要办手续，是罚还是保？如何在执法的同时保护群众劳动生产积极性？他的做法是，首先宣传介绍该项用地适用的相关政策，提示违法乱占耕地的危害，然后通过为当事人补办设施农用地备案手续纠正违法行为，他说："像这一类的情况，我们是能保尽保、应保尽保。"自然资源部正式印发2022年11月1日起施行的《自然资源违法行为立案查处工作规程（试行）》，落实了《中华人民共和国行政处罚法》"首违不罚"等规定要求，为进一步强化执法权力运行的制约和监督提供了遵循。

28万套住房实现产权与住权同步——"交房即发证",30.7万亩土地实现"交地即发证",累计解决历史遗留问题9500余个;在全国率先开展大江大河大湖自然资源确权登记,明晰国有自然资源在遭到破坏时的追偿责任;为760万户符合条件的农民群众自建房屋颁发产权证书,提升群众获得感……这是"苏小登"(江苏省自然资源厅自然资源确权登记局)自2015年3月成立以来的工作成果,他们相信:"只要坚持改革创新,登记为民,所有的问题都会迎刃而解。"

党的二十大报告强调,要推动绿色发展,促进人与自然和谐共生。推动形成绿色发展方式,是发展观的一场深刻革命,是对生产方式、生活方式、思维方式和价值观念的全方位、革命性变革,自然资源守护者以奋斗之美成就自然之美、和谐之美、中国之美,他们是这场变革中当之无愧的先锋。

(2022年第11期)

一心系苍穹，一生献祖国

——记中国试飞人

李小标　　颜学静

试飞——飞行试验与研究的简称。

没有一次次试飞，就没有新飞机的面世应用。

没有一次次试飞，航空科研就失去了生命线和灵魂。

没有一次次试飞，中国航空不会如此高歌猛进、灿烂辉煌！

从事试飞相关工作的有试飞员、试飞科研人员、试飞保障人员等等，他们就是中国试飞人。他们竭尽全力去寻找新机安全边界、挑战新机极限数值，齐心协力保证试飞的安全优质。在航空试飞事业的历史发展中，试飞人功不可没，似群星闪耀。今天，让我们走近中国飞行试验研究院，走近中国试飞人，致敬最可爱的英雄。

"科研试飞英雄"滑俊、王昂，"试飞英雄"黄炳新，"英雄试飞员"李中华，试飞专家、航空金奖获得者周自全，特级试飞员赵鹏，优秀青年代表、航母Style"网红"沈意……还有那些我们叫不上名字的试飞员，以及那些为了祖国的试飞事业而长眠的英雄，他们如璀璨星辰，指引梦想方向、照亮试飞之路！

航空强国的征程上，是一代代试飞人接续奋斗、勇毅前行，更是一代代试飞人以生命铸国之重器，用忠诚创航空伟业。

他们也许不被世人熟知，不被光环围绕。

但是，他们有一个共同的名字——中国试飞人。

"我不跳伞"

"空中发生特情时你会不会选择跳伞？"

"不会。我们飞的是科研项目，是新机，飞机摔了，损失的是国家巨额财产，是千万科研人员夜以继日的心血。作为试飞员，只要有一线机会，我都要想办法把飞机飞回去。"3个月后，38岁的试飞员余锦旺面对试飞险情，没有在最佳时间选择跳伞，而是极力挽救飞机、挽救数据，直至与战机一起融入了蓝天。他压减自己生的希望，只为增加飞机存活的可能。

新机试飞是没有硝烟的战场。"热血男儿，理应为国献身"。他们坚信，没有经历过试飞中的险情，算不上是一名真正的试飞员。从他们开始工作的那一刻起，就在直面危险，甚至死神。但是，航空报国的信念和忠诚祖国的担当给予他们披荆斩棘的勇气和搏击长空的魄力。他们奉献自己的一切履行着"向国家负责"的庄严承诺，至死不渝。正如"八一勋章"获得者、试飞英雄李中华所言："一个真正的军人，必须把使命看得高于一切，尽自己的最大努力，为国家、为军队的强大而拼搏。"

"我不跳伞"，是所有试飞人置生死于不顾、毅然选择维护国家利益的坚定抉择和执着担当，更是所有试飞人航空报国的铮铮誓言和实际行动。这份忠诚早已深藏在试飞人的骨子里，这份担当早已渗透在试飞人的血液中。

"婚礼能推，型号节点不能变啊"

正在准备婚礼的试飞人于海峰接到试飞任务，火速赶往外场试飞地。"等飞完这几个起落我就举行婚礼，到时候你们可要来喝喜酒啊！"起飞前，于海峰与同事的交谈洋溢着一个准新郎的喜悦与期待，可是那个笑盈盈的小伙子再也没有回来。

面对家庭与事业的选择时，他们一次次选择心爱的试飞事业，将试飞放在第一位。他们何尝不想陪着年迈的父母聊聊家常、带着可爱的孩子出去玩耍、牵着爱人的手去散散步呢？但是使命在身、重任在肩，他们选择无私付出、恪尽职守，他们选择义无反顾、不计得失。他们，从未给自己任何退路。

这是他们的选择，更是千千万万试飞人共同的选择。

直升机学术界技术权威、陕西省劳模杨松山主持过直8、直10、直11等多个重点型号研制，担任直11总师时连创了直升机试飞技术的八项第一。到了退休年龄，为了心中的直升机事业，他仍强忍病痛坚持上班。直到67岁病情恶化弥留之际，他还在病床上用十分微弱的声音喊着：起飞，悬停，爬上……他是平凡的，是大家眼中那个温和而倔强的专家；他是不平凡的，他将直升机看得比自己生命还重要，把一生都献给了祖国的直升机事业！

干惊天动地事，做默默奉献人。

深夜与黎明已无界限，春夏秋冬也并不分明。试飞人的世界总是被超强度工作和忘我试飞装满，被常人难以想象的付出与不为人知的牺牲包裹。如若给这份付出一个定义，那一定是人生最美丽的风景！

"无论多难，一定要啃下影响测试技术跨越发展的这块硬骨头！"

"威龙"歼20一经亮相就让国人沸腾！高隐身性、高态势感知、高机动性能充分展现了歼20的威猛。它是中国航空工业的骄傲，更是中华民族的骄傲！

无论是作为我国隐身战机研制史上的创举——成功进行红外隐身验证，还是"全面监控飞机状态、风险关口向前移"的要求首次彻底落地，无论是开试飞测试一体化设计改装先河、打破传统试验机"架内"和"架外"测试改装的概念，还是采用新结构、新材料、新技术解决一系列影响飞行的技术难题，歼20试飞团队始终坚持对突破试飞前沿技术、推进试飞预先研究、创新试飞方法、提升试飞效率及确保试飞安全进行不懈探索。

"为了歼20飞机的设计定型，试飞人辗转多地，屡破难题；他们勇于担当，不断挑战自我，即使身处险境也无畏向前；他们信念如磐、意志如铁，遇到挫折撑得住，关键时刻顶得住，扛得了重活，打得了硬仗，有力地保证了这款最先进的新一代战斗机的设计定型，并且取得了很多突破。"歼20试飞总师田福礼这样评价试飞团队。

在技术攻关的道路上，他们脚踏实地、永不言弃；在科研创新的道路上，他们锐意进取、开拓创新。

"不叹长空无天马，鲲鹏舞翅掀风云"。在运20飞机研制过程中，为了论证测试系统架构的可行性，试飞技术人员无暇顾及背负的巨大压力，也顾不上面对的诸多拦路虎，他们不畏道路崎岖，铆足劲、咬紧牙，硬是蹚出了一条新路——项目团队开创了"全所一盘棋"的攻关管理模式和"探索—研制—实验—交流—攻关"一体化的管理体制，浓厚的创新氛围和出色的创新能力为测试系统的成功研制注入不竭技术动力，带给运20全新的力量与生机。

运20一飞冲天，笑傲苍穹，试飞人倍感自豪。中国成功跻身于世界少数几个能自主研制200吨级大型飞机的国家行列。

这是一个敢打硬仗、能打胜仗的团队。他们用智慧和汗水浇筑出国人期待、世界瞩目的大飞机，用赤胆和求实托举起"20家族"的雷霆之势。

风雨兼程，薪火传承。从"望尘莫及"到"望其项背"，从"并驾齐驱"到"遥遥领先"，一代代试飞人取得一个个技术进步、打破一项项试飞纪录、谱写一段段发展传奇。创新探索为新机上天铺就蓝天坦途，锐意进取为试飞事业插上腾飞翅膀。

"我坚信，没有老外，我们也能行"

在中国航空史上具有里程碑意义的"猛龙"歼10的试飞险象丛生，实属不易。试飞准备长达8年，原本打算把重中之重的项目颤振激励系统与国际合作，但是合作方要价过高致使谈判陷入僵局。当时担任歼10试飞总师的周自全，毅然用底气十足的磁性中音告知外方："我方决定取消颤振激励系统的合作。"话语一出，外方始料不及、惊诧不已。顶着外方的种种质疑和刁难，周自全与同事不信邪、不怕鬼、不惧压，潜心钻研，提出了自行研发方案并夜以继日修改调试，最后成功研制出颤振激励系统。

周自全的坚定来自对我们科研实力的把握和对试飞人的信任。他深知，有一群永不服输、勇于攻坚克难的试飞人，这就是最大的底气和信心。

"明知山有虎，偏向虎山行。"中国试飞人不会屈服于任何外部技术的控制，更不会给自己丝毫退路。自力更生、奋发图强的成功是最好的证明，迎难而上、奋勇向前的身影是最好的注脚。

"即使有那么一天，化作流星陨落天际，也要在天空留下一道闪射光芒的轨迹。"试飞英雄黄炳新用坚韧顽强实践着自己的诺言。他曾操控在空中已飞掉方向舵的残损飞机平安落地，用超乎寻常的果敢勇毅创造令人惊叹的壮举！面对一次次不可思议的试飞险情，他总是临危不惧、沉着应对，用智慧和勇气化险为夷。

在试飞人的世界里，这样的例子还有很多很多。5年时间内5架直20科研样机先后奔赴13地开展高原、高寒、高湿等试飞科目，穿云破雾、搏风击雨。他们在极限环境测试、向极限速度挑战、与极限数值对抗……

他们深知风险巨大却从不畏惧，因为他们是独具虎胆、叩问天门的勇者。勇于挑战高难度、高风险正是中国试飞人特有的风采与气魄。

在中国试飞人的眼里，不管多少艰难险阻，都只有一个信念——忠诚于党和人民；不管多少荆棘险滩，都只有一个使命——竭诚效力祖国的航空事业；不管多少坎坷曲折，都只有一个目标——试飞成功。

三代人，六十多年。

中国试飞人承载国家战略，报国强军、举旗塑魂，为航空工业的发展创造了一项又一项世界奇迹：先后完成了近100型飞机、40多种发动机、近50型导弹系列、3000余项机载设备的国家级鉴定试飞和适航审定试飞任务；完成了1300余项专题研究，获得科技成果1000多项，其中国家科技进步奖60余项；自主研制出变稳飞机、雷达电子试验机等一批飞行试验机，突破了一系列关键技术，建立了完整的飞行实验技术体系和管理体系……

他们的事迹，已经镌刻在伟大祖国的历史丰碑上，熠熠生辉，已经定格在蔚蓝长空的皑皑白云中，响彻万里。

这就是我们最可爱的中国试飞人！永远的英雄！

党不会忘记，旗帜上有他们"不忘初心、牢记使命"的奋斗身影，那抹最鲜艳的红高高飘扬在蔚蓝的天空。

祖国不会忘记，航空工业的蒸蒸日上中有他们攻坚克难、创新突破，默默为新机赋予灵魂和生命。

人民不会忘记，安宁祥和的生活中有他们血洒长空，用大爱谱写最绚烂的人生篇章。

试飞人的高度决定中国试飞事业的高度。我们坚信，有这样的英雄群体守卫蓝天，祖国的航空事业一定会乘大势之东风、创历史之伟业！

（2022年第12期）

金色盾牌护卫平安中国

陈　风

110，是人们每当遇到危难、面临不法侵害、需要紧急救助时，总会想到的数字。从1986年1月10日广东省广州市公安局率先建立我国第一个110报警服务台起，三十多年时间，110已逐步成为人民警察队伍的标志性品牌，具有极高的社会知晓度和群众认可度。经党中央批准、国务院批复，自2021年起，将每年1月10日设立为"中国人民警察节"。

走街串巷的片警，风吹日晒的交警，日夜值守的铁路警察，守卫国门的移民管理警察，捍卫国家安全的国安警察，维护公平正义的司法警察……无数人民警察用忠诚奉献擦亮金色盾牌服务人民的底色。为深入学习贯彻习近平法治思想和习近平总书记关于新时代公安工作的重要论述、重要训词精神，激励广大公安民警奋进新征程、建功新时代，中央宣传部、公安部连年向全社会宣传发布年度"最美基层民警"先进事迹。他们迎晨曦、披星月，烈日下、雨雪中，守望一方、护卫百姓。就像致敬词里说的："邻里纠纷、急难愁盼，有你春风化雨、日夜牵挂；塞外边疆、山重水复，总是你风雨兼程、最先抵达。"他们来自不同警种岗位，都以强烈政治担当、使命担当、责任担当，忠实履行新时代使命任务，用汗水、鲜血乃至生命，诠释对党、对国家、对人民、对法律的无限忠诚，谱写了一曲曲人民公安为人民的英雄赞歌，充分展示了党领导的社会主义国家人民警察克己奉公、无私奉献的良好形象。

"作为警察，我们找的是孩子，解的是心结，圆的是父母的心愿。所以，我们全力用心用情去甄别每一张照片。"——天津市公安局刑侦总队十三支队声像资料检验室民警吕游

吕游被称作火眼金睛的"影像技术工匠"，在"团圆行动"中，用两张相差25年的人脸照片，帮助失散了25年的家庭重新团圆，那一刻，目光如炬的他开怀大笑。他被公安部聘为"全国刑事技术特长专家"，奋战深耕刑侦一线，紧跟时代步伐，钻研最先进的影像技术，疑案钩沉，精准研判，参与破获各类刑事案件2000余起，他的专业和执着感动了无数人。

"1994年，我的两名战友在执行缉毒任务中壮烈牺牲，我觉得，自己活着就是要把他们的使命继续下去。"——云南省耿马县公安局城区派出所民警石林

石林曾经是全国首批禁毒民警，是"公安楷模"张从顺、王世洲生前战友。他从警40年，从事禁毒工作27年。毒贩的凶残使禁毒民警被称为"刀尖上的舞者"。他冲锋一线，为了让自己化装侦查时看起来更像"吸毒鬼"，身高1米75的他，当年把体

重死死控制在100斤左右。他多次直面毒贩枪口、炸弹，从未退缩。

"现在电诈形式多样，群众防不胜防，我多啰嗦几句，他们就能多一点防范意识。"——宁夏回族自治区银川市公安局兴庆区分局大新镇派出所民警袁芳

袁芳扎根一线14年，驻守少数民族占总人数52%的"石榴籽"警务室，用辛勤耕耘实现发案少、秩序好、群众满意的目标。爱唠叨、爱操心、敢管事、不怕"惹事"是同事和辖区居民对她的印象。不管白天还是黑夜，总能看见她在辖区巡逻、入户走访、治安宣传。辖区居民说，有她在，很安心。

"每日学一点，争取天天有进步，再小的岗位都能干出成绩来。"——厦门铁路公安处乘警支队民警曾芝强

从青藏高原退伍的曾芝强，在厦门火车站当保安的10年间，查获各类枪支65支，抓获网上在逃人员237名，成为全国铁路保安入警第一人。从警18年，抓获犯罪嫌疑人3000人，其中网上在逃人员310名。有逃犯贿赂他，有走私分子拿着5斤黄金要与他平分，还有毒贩求他"放一马"，他都不为所动。转岗高铁乘警后，他将"枫桥经验"带上列车，在列车上创建"曾芝强服务岗"，用心用情为旅客纾困解难。他荣获全国公安系统二级英雄模范等荣誉，先后三次走进人民大会堂接受表彰。

"只有换位思考，站在双方角度考虑问题，做到公平公正，

老百姓才信服你。"——西藏出入境边防检查总站山南边境管理支队玉麦边境派出所民警王微

戍守边疆13载,王微把最好的青春年华挥洒在雅砻江畔。他摸索出了以法律为准绳、以理服人、以情感人的法、理、情"三字调解法"。他日常走访时发现,村民正在修建的房子迟迟没有封顶,原来是两位老人购买建筑材料缺钱。他拿出自己当选"山南市民族团结进步模范个人"刚刚获得的奖金,又发动亲朋好友捐款,很快筹齐了款项,老人如愿搬进了新房。他说:"民族团结进步的奖金刚好用在民族团结工作中,我觉得这是一件很有意义的事。"

"'服务群众、忘却伤痛'就是我疗伤的最佳良药。"——江苏省盐城市公安局盐都分局郭猛派出所民警孙益海

孙益海在一次缉枪行动中受伤,高位截肢,永远失去了左腿,体内至今还留有36颗钢弹。但他以超常的毅力,克服身体重创,两年后毅然重返工作岗位。他独腿行走乡间26载,行程2万多公里,打造了一年365天"永不打烊"的"户籍大厅",为群众办理户籍5万余人次。他牵头组织"益海志愿联盟",帮助困难家庭16个,防范化解矛盾隐患1500余起。

"我想为他们多做点,再多做点。"——北京市公安局通州分局内保支队民警张梁

北京市公安局选派18名具有足球和英语特长的优秀民警奔赴

贵州黔西南支教。张梁，是支教团的临时党支部书记，也是山区孩子们的"张教练"。一年半的时光里，他用足球提升孩子们的斗志，让梦想在他们心里生根发芽，他挥洒着青春与汗水，也收获了希望和感动。

万家团圆的时刻不能没有人民警察的守护，车水马龙的街道不能没有人民警察的身影，祖国的广袤边疆不能没有人民警察的坚守，人民危难的时刻不能没有警徽的闪耀，全国公安机关和广大公安民警在人民警察节这一天会继续坚守岗位，更好地履行职责，坚决捍卫国家安全、全力维护社会安定，切实保障人民安宁。全社会共同行动起来，警民共建共治共享平安成果，会让警察职业更光荣，让社会更平安，让人民群众更有安全感。

（2023年第1期）

最美医生：医者医人，仁者医心

苏鸿雁

有这样一个群体：他们坚守疾病防治第一线，他们用精湛的医术打退病魔，他们用大爱和责任守护人民健康，他们坚持人民至上、生命至上，积极投身健康中国建设，深刻诠释了"敬佑生命、救死扶伤、甘于奉献、大爱无疆"的崇高精神，他们就在你我身边——中国医师。

把青春献给苗岭高山

"外出回家后要勤洗手，最好用流动的水洗，打上香皂或洗手液。"一个普通的午后，2022年"最美医生"潘凤正在村卫生室给乡亲们宣传卫生健康知识。

潘凤出生在贵州省安龙县普坪镇戈塘村一个普通的苗族家庭。1995年9月，她考入黔西南州卫校民族医士专业。和同学们纷纷留在城里工作相反，她毕业后义无反顾地回到了戈塘村，成为一名乡村医生。为了守护苗族同胞的健康，她背着药箱，翻山越岭22年，累计行程3万多公里，走村入户上门接诊患者，把整个青春都留在了苗岭高山。

"正是因为我来自大山，所以我更懂得生活在大山里的人们需要什么，我留在大山就是为了要尽我所能地帮助更多的人。"潘凤这样说，也是这样做的。

大山里交通不便，村民们住得分散，外出就医是一件非常令人头疼的事情，往往需要翻山越岭好几个小时才能到达卫生院。母亲身体不好，尚未成年的潘凤经常背着母亲去治病，她当时就想将来要成为一名医生，这样自己就能给母亲治病了，再也不用跑遥远的山路，可遗憾的是母亲最终未能等到她成为医生就去世了，这也成为潘凤心中永远的痛。她把对母亲的爱转移到家乡的父老乡亲身上，"我没能完成守护妈妈的心愿，那就守护大山里更多的妈妈吧"，从此，潘凤开始了大山"健康守护者"的生涯。

不顾现实的困难，一间民房、一张桌子、两张病床，潘凤就这样办起了村卫生室。村民们有个头疼脑热的，直接来到卫生室找潘凤拿几包药就吃好了，很多老人外出不便，潘凤就背着药箱上门服务。那时候，受就医观念所限，多数生育妇女没有去医院生产的习惯，新生婴儿死亡率很高，往往产妇临近生产，家属才想起去找医生，在大山上、田地里潘凤成功接生过很多孩子，为上百位产妇化解危机，从未有过闪失。"虽然每次都有惊无险，但仍然存在很大隐患，要想改变这种状况就要改变苗族同胞的就医观念。"于是，潘凤化身健康知识宣传员，风雨无阻为乡亲们讲解卫生健康知识，乡亲们的就医意识逐步提高，健康状况改善不少。

除接生和给乡亲们看病之外，潘凤还承担了村里的医疗健康精准扶贫工作，她给全村35岁至65岁的农村妇女（贫困户）进行宫颈癌筛查，2019年实现家庭医生签约医疗服务116户502人，免费服务患者3000人（次）。

用大爱接力医者仁心

得知自己荣获2021年"最美医生"荣誉时，邢锦辉正在卫生室接诊，这是她任湖北省黄梅县孔垄镇邢圩村乡村医生的第25个年头。1996年，她接过祖父和父亲的乡村医生接力棒，扎根乡村潜心钻研，用精湛的医术造福父老乡亲守护群众健康，接诊患者20余万人次。

"不用往城里跑，看病就在家门口。"小小的村卫生室就是方便群众的"全科医院"，对每位患者她都详细问病情、聊病史，了解患者家庭状况，邢锦辉用精湛的医术和耐心细致的态度赢得了十里八乡老百姓的信赖，甚至深圳、海南等地的患者也不远千里来找她求医问诊。有些患者经济条件不好，她千方百计为他们减免医疗费用。一位患者在医院检查需要做宫腔镜手术，治疗费用在万元左右，因家庭经济条件较差，找了过来。邢锦辉问诊检查后，就在村卫生室给患者做了成功的手术，最后只收了患者几百元。

邢锦辉每天工作12个小时以上，平均一天接诊40号患者，妇科病检查的频率高，问诊和做妇检时间较长，但无论初诊还是复诊患者，她都一视同仁，做到专心、耐心、细心，时间不够，她宁愿加班加点，也要让患者满意。

邢锦辉不仅时时为患者考虑，还尽己所能热心公益事业。带头募集资金103万元，捐给乡镇卫生院改善医疗环境；主动与孔垄镇一中、张河中学对接，资助家境困难的学生。

"有没有后悔当医生？"很多人问过邢锦辉这个问题，但即使在面对可以留在大城市工作的机遇时，她依然给出了否定答案。"从医是我儿时的梦想，能用我的一技之长换来父老乡亲的平安健康，我觉得我的付出是有意义的。"邢锦辉轻声细语，却仿佛传递出无穷的力量。

守海岛不忘从医初心

福建省福清市城头镇吉钓村所在的吉钓岛地处福建福清、长乐、平潭三地交界，面积仅0.74平方公里，岛内居民进出全靠渡船。天气恶劣时，风急浪大，渡船只能停运，以前岛上没有医生，村民生病只能忍着。王锦萍20世纪80年代从福清卫生学校毕业后本可以选择留在县城医院工作，但面对岛上无医生的现状，她还是遵从自己的初心，选择回到这个只有1000多人的小岛，成为岛上唯一的村医，从此以后，村民们终于有了自己的健康"守护神"，遇到小病小灾的再也不用坐船出岛求医了。

提起2020年"最美医生"王锦萍，吉钓岛上的人没有不竖大拇指的。哪个老人腰不好、哪个村民血压高她都了然于胸，"常年和大家打交道，每个人的情况自然而然就记住了，主要是有些老人有慢性病，需要长期服药，他们的情况我必须记得清清楚楚"，说起"电子病历本"称呼的来源，她乐呵呵地解释道。

村卫生所只有她一个人，除了看病，她还要自己取药。医药公司负责将药品送上船，到达吉钓岛后，她需要用扁担把几十斤甚至上百斤重的药品挑回卫生所，日复一日，她的扁担都被磨亮了。

吉钓岛的条件十分艰苦，很多年轻人都选择离岛生活，留在岛上的大多数是老人。王锦萍的儿子离岛上学时，本应离岛陪读的她，想到岛上还有那么多村民需要她，就选择了让儿子读寄宿学校，自己留岛继续服务大家。"'二姐'就像我家的亲闺女，无论白天黑夜，只要我身体不舒服，她总是第一时间赶到"，一位老奶奶这样说，"二姐"是村民们对王锦萍的昵称，村民们是真正把她看作了家人。

"虽然我现在退休了，但只要村民还需要我，我的身体条件还允许，我就会一直留在岛上继续服务大家"，王锦萍始终对岛上的老人们放心不下。

近日，在爱国卫生运动开展70周年之际，习近平总书记强调，希望全国爱国卫生战线的同志们始终坚守初心使命，传承发扬优良传统，丰富工作内涵，创新工作方式方法，为加快推进健康中国建设作出新的贡献。中宣部、国家卫生健康委联合开展"最美医生"评选活动，推出了潘凤、邢锦辉、王锦萍等一批优秀的农村基层医务工作者，他们离人民群众最近、服务人民群众最便捷，时时刻刻守护人民群众健康，是群众的贴心人暖心人，他们用自己的无私奉献、辛勤付出换来一方百姓的身康体健，他们就是最美的人。

（2023年第2期）

魏虎仙：让"劳模味"香飘万家

刘　年

山西榆次，古称"魏榆"，风景优美，美食驰名——榆次三件宝：元宵、灌肠、豆腐脑。大年初二一早，天色一片漆黑，四周静悄悄的，榆次一栋老楼二层的一盏灯亮了，一位80多岁的老人起床稍作收拾就出了门，她弯着腰、双手扶着楼梯的扶手，一步步慢慢下了楼，走到不远处的食品制作间，开始了一天的工作。她就是"全国劳动模范""全国三八红旗手""优秀共产党员"魏虎仙，她出品的元宵货真价实、口感独特，被大家称为"劳模元宵"。作为元宵制作技艺省级非物质文化遗产传承人，她几十年如一日，在加强非遗保护、做大本土品牌的同时，传承发扬着劳模精神。

魏虎仙是山西沁县人，1938年出生在新店一个农民家庭，14岁丧父，挑起了生活的重担，1956年嫁到榆次。在新中国妇女解放、男女平等观念的教育下，她突破妇女只能在家里传宗接代、相夫教子的传统观念，抱定"人活一辈子，就要充分发挥自己的价值，为社会、为国家做更多的贡献"的想法，1958年参加了工作，1960年进入榆次市国营饭店。售货员、开票员、服务员她都干过，只要有活儿，不管多脏多累，她都抢着做，大家的脏工服她也抢着洗。她的吃苦耐劳，得到了老师傅的认可。1961年，她开始向曾在老字号南门洞"昌盛号"滚元宵的师傅韩克庄学习元宵制作工艺，由于勤奋好学、善于钻研，用三年就掌握了元宵的配料、和馅、切块、滚制技术，自此走上了60多年元宵技艺传承之路。

1964年，表现出色的魏虎仙被调任东街饭店主任，那时的东街饭店生意冷落，入不敷出。她到任后，每天早晨5点准时到店里和面炸麻叶，锅炉工病了她顶上，一连几天不回家住在锅炉房……她的以身作则，带动了大家，饭店迅速发展起来。人们说她走一处胜一处，没有她带不好的队伍，没有她干不火的店。但她在其中到底耗费了多少心血，只有家里人和职工最清楚。

家里，她有两个儿子、一个女儿。因为要上班，大儿子生下56天就送回了老家，女儿不到两岁也送回了老家，小儿子3岁上了幼儿园就全托……

单位上，一年365个夜晚，她办公室的灯晚上11点以前很少灭过。不仅平常的节假日不休息，就是春节，从正月初二开始准备元宵节供应，也已成为她的惯例。在生产销售旺季，她每天工作时间都在14个小时以上，但从不领加班费。1989年中秋节前夕，省总工会组织劳模疗养，她在疗养基地只待了一天，就回到工作岗位组织月饼生产供应。

魏虎仙在7个单位担任过主任、经理、党支部书记等职务，始终坚持以身作则、艰苦奋斗，积极开展技术革新、大胆探索管理创新。她说："火车跑得快，全凭车头带。领导就要带头创新，必须走在前、干在前，才能服众，才有资格检查工作质量。"

在西站饭店，她带领职工白天营业，晚上搞革新，用两年时间成功利用炉灶余热研制成一套具有餐饮消毒、保温饭菜、发电照明等多功能的余热综合利用一条龙作业线。1974年，她参加了全国技术革新会议，成为全省饮食服务行业的先进典型。1979年在合作饭店，她按照中央精神大胆探索，管理上实行统一计划、分组核算、定额包干、任务到人，多劳多得、按月考核的经营承包责任制，成为榆次市商业系统率先引入承包机制第一人。

冷饮甜食商店是魏虎仙工作时间最长的单位，每年正月十五卖元宵是一场硬仗，她从初十就不回家睡觉了，在单位陪着工人24小时连轴转。瓮子里泡的米、磨儿磨着面，她都得操心，因为米淘不净粉就发黑，粉受了热又会发红，粉磨不细煮出的元宵便发硬。上夜班的工人瞌睡了，捞米洒在地下，她都过去扫起来。1987年元宵节前她生了病，躺在床上起不来，还硬让家里人用三轮车把她拉到单位，陪职工一起忙碌到夜里两点钟，还起身挨个给职工倒水，坚持了十几天时间，到最后脚肿得连鞋都不好穿，人们说她不要命了，她说"我看见顾客数九寒天排队买元宵，心里着急呀！"在她带领下，商店经济效益稳步增长，人均劳效和利税连续两年名列省内全行业第一，被山西省劳动竞赛委员会荣记三等功，被国务院、商务部授予首届"全国商业企业优秀班组"称号。

2002年，64岁的魏虎仙光荣退休，本该享清福了，谁料冷饮甜食商店遭遇城市改造拆迁撤销，职工下岗生活困难，许多人找她诉说难处，请求她带领大家做点事情，增加些收入。看着职工的困难，她心里很不是滋味，决定带领大家自主创业。

如何创业？魏虎仙想到了自己的"老本行"——制作元宵。元宵古已有之，传说在唐开元年间传入榆次。从清朝至民国年间，洪洞往北三百里的榆次城南门有座瓮城，老百姓叫做南门洞，在洞内有座老店名叫"昌盛号"，这里的桂花元宵十分地道。制作元宵用的米，是以难老泉浇灌的晋祠江米，煮熟后膨头大、馅不化，香郁适口，在民间广受喜爱。魏虎仙担任冷饮甜食商店经理时曾带领职工遍访名师，元宵制作工艺就传承自南门洞"昌盛号"桂花元宵。

魏虎仙有技术，但需要解决资金、厂房、资质等种种问题，她没有因眼前的困难退缩，"活到老、干到老，为党分忧、为民解难，一切为了群众"是她的信念。下岗职工拿不出启动资金，她就四处借钱，又多方联系租借厂房、完善资质、注册商标，最终成立了魏虎仙食品有限公司，并把元宵命名为"魏虎仙"元宵，下岗职工又有活儿了，他们听到消息一夜合不拢眼。2003年元宵节，"魏虎仙"元宵投放市场，在城区设立的十几个元宵摊点前都排起了长队，正月里一直忙碌的职工领到了比在岗时还多50%的收入，脸上重新漾起了笑容。此后，每年的元宵节、中秋节，魏虎仙都要带领下岗职工生产传统食品，既延续了当地百姓传统的"节日记忆"，又改善了下岗职工的生活。

不仅元宵，魏虎仙还保持了月饼、油茶等传统美食的生产，深受当地群众喜爱，而魏虎仙也成为榆次传统饮食产品带头人和传承人。2016年，魏虎仙被列为第二批榆次区非物质文化遗产项目代表性传承人。2023年，"魏虎仙"元宵制作技艺被列入第六批省级非物质文化遗产代表性项目名录。如今，元宵、月饼、油茶已成为响当当的晋中美食。

在保证产品质量、扩大产品销售的同时，魏虎仙不忘回馈社会。多年来，她每年元宵节期间都会带上自制的"魏虎仙"元宵慰问一线职工和特殊群体。自创业以来，她分别慰问了建筑工人、环卫工人、交警、特警、医生、残疾儿童、孤寡老人、革命伤残军人等。谈起魏虎仙，老榆次人都会竖起大拇指，不仅仅是因为她制作的元宵口味醇正、溢甜留香，更多的是她以一名共产党员的高尚情怀，无私奉献、心系社会，树立了良好的榜样。

如今，85岁的魏虎仙依然忙碌在生产一线，她说："只要身体允许，我就会一直干下去，我享受了劳模的荣誉，就有义务毕生为劳模的荣誉去奉献。"正是这样一种精神，才让几代榆次人对这位劳模念念不忘，才让榆次人难忘"劳模味""桂花香"。耄耋之年的魏虎仙，还有一个"梦"，要把她的手艺传给后人，希望人们永远能吃到"魏虎仙"口味的元宵、月饼和龙嘴油茶。

（2023年第3期）

最美铁路人：勾勒"流动中国"的美丽画卷

闫宏伟　孙　菁

铁路作为国家战略性、先导性、关键性重大基础设施，作为国民经济大动脉、重大民生工程和综合交通运输体系骨干，在推动经济社会发展、实现中国式现代化中肩负着重要使命和责任。在祖国的万里铁道线上，奋斗着这样一群平凡而伟大的铁路人，他们怀着"人民铁路为人民"的初心使命，始终听党话、跟党走，埋头苦干、勇毅前行，勾勒出一幅"流动中国"的美丽画卷。中共中央宣传部、中国国家铁路集团有限公司连续五年向社会公开发布"最美铁路人"先进事迹，近期，国务院新闻办公室召开了"最美铁路人"代表中外记者见面会，展现全国铁路产业工人的精神风貌，为激励广大铁路干部职工奋进新征程、建功新时代凝聚力量、营造氛围。让我们走近这一群体，感悟他们的先进风采和奋斗精神。

让全世界知道中国高铁这张名片

吕盼是中国铁路北京局集团有限公司北京客运段京张高铁车队"雪之梦"乘务组列车长，"能够服务北京冬奥会、冬残奥会，我感到使命光荣、责任重大。大家共同努力，擦亮了中国高铁这张名片！"回忆起一年前的"高光时刻"，她难掩激动。成为京张高铁列车第一批列车长，要求十分苛刻，汗水流花的妆容，脚下磨出的老茧，口中咬断的筷子，脚下整齐的步伐，书桌上厚厚的英语笔记，都见证了她不为人知的努力。

吕盼的同事说："她能圆满完成首发任务，正是凭着一股韧劲！"这股韧劲，来自哪里？吕盼是家里的老大，从小就担负起照顾妹妹的责任，家庭生活的磨炼，培养了她在工作中的责任心。从京张高铁开通运营起，吕盼和同事每天车厢、宿舍"两点一线"，往返近2000趟，相当于绕地球赤道15圈。她根据线路特点，不断创新服务特色，提供婴儿安睡床、盲人服务卡、特色服务箱、重点旅客呼叫器等服务备品，推出团体旅客预约讲解、"防耳鸣操"等多项温馨服务。一位日本记者跟着吕盼学做"防耳鸣操"缓解不适，为她竖起大拇指；一位奥组委官员留下了她的盲文服务卡，称赞她服务细致周到；中国运动员乘坐她的列车，感受到热情温馨的服务，为她点赞并留下签名。

希望更多国家可以共享中国高铁发展成果

2022年11月16日，中印尼共建"一带一路"、深化务实合作的标志性项目——雅万高铁试验运行取得圆满成功。中国铁路设计集团有限公司印尼雅万高铁项目部常务副经理、总体设计负责人夏健亲眼见证了这一历史时刻。雅万高铁项目连接印尼首都雅加达和印尼第四大城市万隆，全长142公里，最高设计时速350

公里，是中国高铁首次全系统、全要素、全产业链在海外落地。

8年前，公司选派精兵强将开启雅万高铁设计投标工作，33岁的夏健成为团队负责人。他带领大家肩扛手提20公斤重的仪器，深入人迹罕至的热带雨林，走过深山陡坡的崎岖小路。蚊虫叮咬使团队多人感染登革热，高烧不退，夏健病愈后主动学习相关知识，为全体人员培训，从源头上减少感染风险，同时加大防护力度，工服、防护网、手套、脚套武装到位。天气闷热潮湿，一天下来大家都焐成了"落汤鸡"。

针对万隆地质特点，确定解决方案；车站装修艺术性、经济性、功能性完美统一；采用最先进技术，有效减少误差……夏健牵头开展多项科研攻关，推动"中国标准"在印尼落地开花。对于这位优秀的合作伙伴，印尼方团队负责人阿瑞斯十分钦佩："印尼人尊重智者，尊重强者，我很荣幸能和铁设集团合作。"

雅万高铁开通后，雅加达到万隆的出行时间将由3个多小时缩短至40分钟，对于促进印尼经济社会发展具有重大意义。夏健说："我想我是幸运的，作为一名青年技术人员，能够将8年青春挥洒在'一带一路'建设上，亲身参与并见证雅万高铁由蓝图变为现实，心里有说不尽的自豪。"

把"仁""德"做到人民心坎上

福州火车站是福建省内客流最大、车次最密的铁路运输枢纽。设在这里的"杨仁德警务室"是全国铁路公安系统首个以民警名字命名的警务室，自2018年成立以来，已成为服务旅客的

"旅途驿站"，化解纠纷的"金牌调解室"。

1999年，警校毕业的杨仁德被分配到闽北山区来舟车站派出所。一入警，杨仁德便听闻了一级公安英模陈善珉的事迹，于是他暗下决心，立志以陈善珉为榜样，做人民好警察。为学到真功夫，他积极参加福州铁路公安处举办的各类培训班。80多万字的学习笔记、上岗执勤时的用心揣摩，很快让杨仁德练就了一副"火眼金睛"。由他实践总结出的"三字"查堵经、"五字"追逃诀，成了大家口口相传的"警务宝典"。从警24年，杨仁德抓获各类违法犯罪嫌疑人1600余名，连续两年夺得全国铁路公安乘警类追逃"状元"，"追逃利剑"的称号不胫而走。

"在抓捕犯罪分子过程中，不仅要斗智，关键时刻还得斗勇。"有一次，杨仁德在押解一名犯罪嫌疑人途中遭到强烈反抗，嫌疑人撞碎玻璃想要逃跑，杨仁德扔掉笔、冲过去，把他扑倒在地死死抱住。后来，在同事的协助下现场得以控制。这时，杨仁德才感到左小腿剧痛，低头一看，裤子被血染红了一片。多年的锻打、淬火，杨仁德早已成为铮铮"铁警"。

杨仁德不仅对待工作认真负责，对待旅客也十分热心，他坚持"小事不小视"，用心、用力、用情为旅客和人民群众排忧解难。小到帮助身无分文的旅客买车票，大到捐资修马路、资助残疾人和贫困学生。他常说："我是苦过来的人，知道那是什么滋味，从警以后，虽然工资不高，但我很满足，拿出这些钱能改变别人命运，就非常值得！"2016年，杨仁德自筹资金设立了"爱心基金"，用于帮助困难旅客。2018年，"杨仁德警务室"成立，在杨仁德的努力下，公益寻人、失物招领、求助专线、化解纠纷等服务内容纷纷上线，为旅客排忧解难9400余件，捐资助困10万余元。"我深知，站车是铁路服务人民群众、展示企业形象的重要窗口，一头连着党心，一头连着民心。作为一名铁路警察，打击违法犯罪，帮助困难旅客，守护铁路站车平安，既是我的职责，也是我最大的心愿。"

"最美铁路人"还有很多，马如铁、杜赫、郑小燕、董宏涛、茹德玖、黄涛、刘贞、杨勇……他们都是践行"人民铁路为人民"的典范，是千千万万奉献在一线、成长在基层、建功在新时代的铁路人的生动缩影。在新征程上，中国铁路人将尊崇"最美"、学习"最美"、争当"最美"，让"人民铁路为人民"的宗旨在万里铁道线上赓续绵延，为推动铁路高质量发展、率先实现铁路现代化、勇当服务和支撑中国式现代化建设的"火车头"作出新的贡献。

（2023年第5期）

"最美奋斗者"于蓝："我们要死在舞台上"

张德莹隆

　　党的二十大报告将"奋斗"作为重要主题贯穿全篇。正是一代代奋斗者的顽强拼搏，换来了新时代中国特色社会主义的伟大成就。2019年，为隆重庆祝新中国成立70周年，学习英雄事迹、弘扬奋斗精神、培育时代新人，中央宣传部等9部门授予278名个人、22个集体"最美奋斗者"称号，中国电影集团公司中国儿童电影制片厂首任厂长于蓝获此殊荣。她的艺术生命同国家命运紧密相连：年少时她奔赴延安，在舞台上宣传革命；新中国成立后，她作为"二十二大电影明星"之一，在荧屏上塑造了众多深入人心的革命者形象；花甲之年，她带领儿影厂筚路蓝缕，开创了新中国儿童电影事业，续写了延安故事。

这是世界上最艰苦也是世界上最快乐的地方

　　于蓝原名于佩文，1938年夏天，17岁的她胸怀炽热革命理想，同好友穿越重重封锁线前往革命圣地延安。临行前，改名于蓝，寓意"万里无云的蓝天"。

　　在于蓝的记忆中，"这是世界上最艰苦也是世界上最快乐的地方"。延安是全国热血青年向往的革命圣地,艰苦的生活条件阻挡不了精神上的富足,在同一片蓝天下,大家友爱互助,课间、饭后都能听到同志们嘹亮的歌声。她说:"在这种生活环境中,真正感觉到革命队伍里的歌声,震动了整个延安的山谷。"1940年,于蓝成为"延安鲁迅艺术学院实验剧团"的一名演员。初到鲁艺,老师熊塞声就告诫她:"这是神圣的事业,我们要把毕生精力献给舞台,我们要死在舞台上!"那番话,于蓝当时并不十分理解,但她默默地记在心里。剧团云集了众多赫赫有名的"大腕",几乎所有人演出时,都是自己准备服装道具,"在延安演《日出》的时候,衣服都是我们用窗纱做成的"。那时的她们是演员也是战士,巡演各地,只为播撒抗日救亡的火种。

延安时期的革命经历与舞台训练,让于蓝能够深入角色内心,为她后来的精湛表演打下了扎实基础:《翠岗红旗》里的向五儿、《革命家庭》里的周莲、《烈火中永生》里的江姐……她塑造的一个个经典影视形象,深深烙印在几代人心中。1971年,于蓝在干校劳动时不慎从屋顶跌落,面部留下后遗症,不得不逐渐淡出舞台,开始尝试参与指导拍摄儿童题材影片。

党和人民需要我去哪里,我就去哪里

1981年3月,中共中央书记处两次召开儿童少年工作座谈会,提出全党、全社会都要重视儿童少年的健康成长,要把下一代培养好。文化部决定成立北京儿童电影制片厂,并推荐于蓝当厂长。那时的她刚过60岁生日，又处在乳腺癌手术的恢复期，但她说："党需要我干什么，我就干什么，赴汤蹈火在所不惜。"为了筹备建厂，她每天工作十个小时以上，吃饭速战速决，一个面包一杯水解决问题，仅用两个多月便完成了筹建工作，儿影厂在"六·一"当天顺利挂牌。厂里的同志称她为"于铁人"，开玩笑问她："老太太，您是不是天天吃人参呀，您怎么不知道累呢？"

建厂第二年，北京电影制片厂传达室后的一片空地上，搭起十几间简陋的板房，没有暖气、没有自来水、没有厕所，被戏称为"穷街"，这就是儿影厂最初的工作环境。从幕前到幕后，曾经在荧屏上万众瞩目的于蓝，此时为了设备和资金四处"化缘"。建厂初期缺乏设备，上级划拨资金需要一定程序和时间，于蓝不肯空等，她带着人上门找厂家赊购。作为厂长、名人，有必要亲自出马吗？她淡然回应："我的名声是观众给的，如果能用它为社会办点事，那不是更好吗？"摄影机、变焦镜头、"代代红"胶片……于蓝带领几位老同志"磨破嘴、跑断腿"，在一次次碰壁后，终于用汗水、泪水一样一样求了回来。举步维艰中，于蓝也有过内心的犹疑："滴水成冰的严寒，简陋艰苦的工棚办公室，大难不死的病残之身……太难了，真的是太难了！"但是，"挺不住的时候，我想着党交给的任务还没有完成……"

1983年冬天，破旧的门夹断了于蓝右手的一节手指。她回忆说："我当时觉得很疼，一看怎么流了这么多血，再一看一截手指就在铁把手上，副厂长抱着我直哆嗦。"医生说接断指需要做大手术，术后恢复也要半个月，她想厂里那么忙，怎么能待半个月呢，当即让医生直接缝合了伤口，下午便回到了厂里。

愿意给儿童们抬轿子

于蓝担任厂长期间，儿影厂组织创作的《四个小伙伴》《应声阿哥》《少年彭德怀》等一系列作品荣获国内外电影节众多奖项。每当谈起儿影厂的辉煌，于蓝都会强调这是共同奋斗的结果，"如果说我还做了些事情的话，那就是团结人"。为了既节约成本又确保质量，儿影人个个都发挥了特别肯吃苦的精神，导演汪宜婉在拍摄时摔伤了腿，为赶拍摄进度依然带伤坚持工作。摄影师陈锦俶带领摄影组自己打造器材箱，没有升降车就爬到大轿车顶上进行拍摄。时至今日，她依旧怀念建厂之初的奋斗场景："大家都抱着一种为儿童服务的精神，全心全意地奉献，从没有拿过酬金，在于蓝同志的精神感染下，我们在困难当中不觉得困难，非常乐观，儿影厂就是这样一步一步地走过来的。"为了团结更多的人，于蓝先后领导创立中国儿童少年电影学会、中国电影童牛奖、中国国际儿童电影节，壮大了中国的儿童电影事业。

于蓝常说："愿意给儿童们抬轿子。"在她的心中，重视儿童电影是社会主义精神文明的体现，通过儿童电影来培养孩子们不怕困难、与恶势力作斗争的信念和勇气，是一项崇高的使命。"轿子"一抬就是20年，直到80岁那年她才正式离休。然而，离开岗位的于蓝仍然放心不下儿童电影事业，"真想活得长一点，总觉得还有许许多多的事情没做完，可生命总是有限的"。凭借着这股劲头，96岁高龄的她依然站在国际儿童电影节的观众席上发言致辞，即使最后躺在医院病床上，还在写信呼吁对儿童电影的政策支持。

新时代，于蓝倾力奔走呼吁的儿童电影事业有了新的气象。2018年，教育部、中宣部《关于加强中小学影视教育的指导意见》提出，充分发挥优秀影片在促进中小学生德智体美劳全面发展中的重要作用，力争用3—5年时间，全国中小学影视教育基本普及。

"我们要死在舞台上"，于蓝用一生奋斗，践行了在延安时期确立的革命信条，她的奋斗精神，也将照耀新时代新征程上时代新人的前行道路。

（2023年第7期）

最美退役军人——军号声中再报到

陈　飞

　　军鼓隆隆、军号嘹亮，在集合号声中，中央电视台科教频道播出的"最美退役军人"发布仪式进入了颁奖礼列队环节：18位退役军人列队齐步登台，身着各自服役时的军装、披红色绶带，面向观众席逐一正步出列高声报到。年龄不同、性别不同、口音各异的老兵，精神抖擞、声音铿锵：原中国人民武装警察部队吉林省消防总队退役老兵刘亮报到、原中国人民解放军联勤40分部65166部队退役老兵赵天杨报到、原中国人民解放军陆军84639部队退役老兵泽珍达日杰报到、原中国人民解放军海军37001部队退役老兵唐洪祥报到、原中国人民解放军第二炮兵96165部队退役老兵王晓丽报到、原中国人民武装警察部队云南森林总队退役老兵岩罕陆报到……镜头聚焦每一位老兵的出、入列动作，并逐一呈现报到人的面部特写，4分钟，18句结构一致的报到词、18组结构一致的镜头语言，简单重复却丝毫不显空洞，整齐一致当中的个性化细节呈现蕴意深长。

　　在许多颁奖礼中，因缺乏内涵而显冗余的列队环节，在"最美退役军人"发布仪式中，组织者通过创造性的细节设计，展现出新时代强军文化的鲜明特色，使退役军人永葆本色的精神风貌得以凸显，营造了尊崇军人职业的浓厚氛围。这种注重追求在细节设计中表达文化贯通性，将宣传内容与宣传形式高度融合的积极探索，对于提升各类先进事迹发布仪式的影响力、感召力，对于加强和改进典型宣传报道工作具有启发性价值。

习近平总书记指出："军人是最可爱的人，让军人受到尊崇是最基本的。必须做好退役军人管理保障工作。该保障的要保障好，该落实的政策必须落实，不能让英雄流血又流泪。"要让军人成为全社会尊崇的职业，营造有利于退役军人干事创业的良好环境，既需要制度支持、政策激励、法律保障，也需要加强典型宣传引导。2018年11月10日，为深入贯彻习近平总书记关于退役军人工作的重要指示精神，落实全国宣传思想工作会议部署要求，加强退役军人的思想政治引领，讲好退役军人故事，展现退役军人风采，激发广大退役军人自豪感、荣誉感、责任感，不忘初心、牢记使命，中共中央宣传部、退役军人事务部首次向社会发布"最美退役军人"事迹。发布仪式以军乐团小号手的军号独奏开场，仪式舞台背景画面大量使用2013年建成的井冈山《胜利的号角》雕塑。

军号只有五个音，组合出的号谱却是军队行动无言的命令，伴随着人民军队由弱到强，凝结了人民军队诸多宝贵精神财富。着眼发挥军号在强化号令意识、传承红色基因、正规部队秩序、营造备战打仗氛围等方面的独特作用，2018年10月1日起，中国人民解放军恢复播放作息号。2019年8月1日起，中国人民解放军施行新的司号制度。同年12月24日，中共中央宣传部、退役军人事务部、中央军委政治工作部联合发布2019年度"最美退役军人"先进事迹。颁奖礼设置致敬环节，使用军乐团小号手独奏集合号召唤"最美退役军人"入场，列队向仪式现场战功赫赫的老英雄敬军礼；2020年，小号手独奏背景中添加军鼓声；2021年开始，"最美退役军人"统一着服役时的军装列队依次报到；2022年，现场军号独奏变为军鼓与小号合奏，领奖者加披"最美退役军人"绶带……

五年时间，"最美退役军人"发布仪式在一个个不起眼的创新中渐成品牌。对比可以发现，所有的创新都指向同一个目标——提升传播效果。发布活动的组织深深植根于强军文化建设、退役军人保障、国防教育深化的大背景中，仪式的每处细节都致力于彰显主题，每一个镜头的传播效果都受到关注，这种关注集合了组织者视角、获奖者视角和观众视角，多视角的效果评估为宣传思想工作者有针对性地创新提供了支撑。点点滴滴不懈的创新，也展现出活动组织者的政治意识和职业素养。

不懈创新的不仅是发布仪式的形式。综观五年中发布的92名个人、6个集体先进事迹的提炼、制作和传播，同样可以看到宣传思想工作者在先进典型宣传报道中的创新努力。如何将先进人物的事迹转化为生动的故事讲给大家听？这是必须用实践回答的问题。而答案的一个关键点在于宣传工作要了解大家关心的问题，宣传的内容要努力切实解答这些问题。宣传思想工作者增强脚力，进入先进人物工作和生活的环境，才能了解真实的他们和他们真正遇到过的各种问题；增强眼力，才能看清真实的社会生活中众多普通退役军人真切的急难愁盼；增强脑力，才会去思考平凡英雄的初心、强军文化的伟力；增强笔力，才能把故事讲到大家的心里。

近百位"最美退役军人"，有的身残志坚、自强不息，有的扎根基层、服务群众，有的立足本职、敬业奉献，有的见义勇为、投身公益，有的自力更生、创新创业，有的重诺守信、默守机密，有的赡养遗属、扶助伤残，有的立德树人、爱教乐学，还有的携笔从戎归来，继续投身国防建设……他们当中，有最美奋斗者、大国工匠、人民满意的公务员、劳动模范、道德模范、中国好人、学雷锋标兵，有"的哥"、邮递员、殡葬工作者、企业家、科技工作者、公益志愿者、思政工作者、党务工作者和团结退役军人共同服务社会的先进群体……他们是数以千万计的退役军人当中涌现出来的先进代表，他们的故事也植根于无数退役军人的故事之中。在他们的故事中，军人退役后会遇到的各种问题，他们也曾遇到过，而他们用真实的事例告诉大家，解决问题的路径很多，大家都可以尝试，军人的奉献，国家都会铭记，以他们为代表的广大退役军人，秉持光荣传统，到党和国家最需要的地方去，一定能够在人生不同阶段和岗位上建功立业，汇聚成退役不褪色、建功新时代的磅礴力量。

新时代，需要讲述什么样的退役军人故事？如何讲好退役军人故事？典型宣传中客观描述与主观评价应如何运用？深入典型人物工作现场实地采访应采用何种视角？颁奖仪式上的现场访谈怎样才能获得更好的效果？视频短片如何针对不同传播对象进行制作？……所有问题的答案都在实践中生成，而每一个答案又都在实践中被不断改写。在宣传思想工作者用心、用情、用力的创新实践中，主持人的"掌声有请"变为集合号声，"若有战、召必回"的誓言化为"最美退役军人"在军号声中再报到的威武身影、洪亮声音，一个个植根真实生活、富有情感温度的"最美退役军人"故事广为流传，军人的荣耀在繁荣发展强军文化的进程中不断升腾。

（2023年第8期）

乡村阅读榜样：书香中国的乡土味道

何雨蔚

近日，由中宣部、农业农村部主办的"2023新时代乡村阅读盛典"在四川成都举行，表彰了22位"乡村阅读榜样"，他们上至八旬老人，下至而立青年，既有致力于推广农村阅读的志愿者，也有农民作家、基层干部和农家书屋管理员。他们热爱阅读、热心公益，引领乡风文明建设，浓厚全民阅读的乡村氛围。

他们是乡村阅读的"点灯人"。焦美宁是陕西省西安市临潼区知阅绘本馆馆长。从2015年开始，她一直走在为乡村孩子做公益讲故事的路上，带着她的"公益故事课"，走进当地及周边区县400多所乡村小学、幼儿园，通过讲故事点亮孩子们的心灯，惠及学生近10万人次。山西吕梁市柳林县教师闫丽致力于乡村阅读和文化传播。2015年，闫丽和丈夫自费创办的览虫书屋，成为推动乡村阅读和文化发展的公益机构。如今，免费供村民阅览的览虫书屋已覆盖全县15个乡村，被村民亲切地称为乡村阅读的"点灯人"。

他们是多闻好学的"领读人"。福建省福州市长乐区吴航街道西关村的黄发祥，是福建省全民阅读示范基地和省级理论进基层示范点"塔山讲坛"的创始人。作为一名老党员，他积极向群众讲解红色书籍，并在基层老年群体中掀起学理论学党史的热潮。2012年至今，他已演讲1000多场，吸引了70多万人参与。束忠琴作为北京市延庆区文化委员会的群众文化组织员，将原本简陋的书屋打造成"高庙屯村农村书屋"。她采用"重点撒网"和"广泛捕捉"两手抓的方法，让越来越多的村民参与到阅读、诵读分享会、暑期培训班等各项阅读活动中。截至目前，已经有200余场活动在书屋举行。村里人都说，束忠琴是村里的"领读人"，她和书屋是高庙屯的精神标杆。

他们是农家书屋的建设者。八旬老人杨毅是四川省巴中市通江县新场镇将军街的村民，他修建了紫桂园图书馆，方便周边农村群众、街道居民、学生阅读。30年间，紫桂园图书馆共接待读者逾20万人次，如今图书已增至5000余册。贵州省黔南布依族苗族自治州惠水县好花红村的刘学文，用3年的时间，把阅览室升级改造为叶辛好花红书院，通过"书屋+书院"的模式开展文化公益活动，反哺家乡、回报社会，改变村民的生活方式和精神面貌。甘肃省天水市麦积区马跑泉镇什字坪村的党总支书记王刚，带领村"两委"通过十几年努力，逐步建设起130平方米、拥有图书7000余册，还配置了空调、饮水机、数字化阅读设备的书屋，并坚持日常精心组织，让书屋有书读、有人管、有活动吸引，成为聚人气、可持续的活力书屋。

他们是山区孩子的守望者。"厚生书屋"的主人李大本，是重庆市江津区四面山镇双凤村的一个农民，他不仅用爱心人士捐赠的1200本书修建了书屋，还将其作为山区孩子的"第二课堂"。5年来，"厚生书屋"一共迎来30多名小读者。李大本用自己的微光照亮"厚生书屋"，照亮山区孩子的希望。谢颂泉是湖南省衡山县泉蓉书苑的发起人。2013年开始，他在家乡白果镇树枫村投资建起了首家泉蓉书苑。10年间，他积极引进各类慈善基金200余万元，助力家乡周边2000多名困境学童获得教育资源，也影响了越来越多的志愿者和慈善机构捐资、支教，惠及农村青少年2万余人次。

还有西藏拉萨市墨竹工卡县尼玛江热乡章达村的扎西罗布、安徽省滁州市南谯区章广镇鸦窝村的伍健、云南省大理白族自治州弥渡县红星村的李存德、山东省潍坊市青州市益都街道的刘元民……"乡村阅读榜样"是他们共同的名字，绘就了各具特色的乡村阅读美丽风景。

乡村蕴藏着无限的生机与希望，农家书屋聚力乡村振兴，乡村阅读播撒文化火种，广阔乡村每一位阅读者眼中都透射出书香中国的奕奕神采，身上都散发出书香中国的乡土味道。

（2023年第12期）

金牌讲解员：让红色故事"抓"住人心

应　龙

2023年11月，"致敬新时代，讲好新故事"第四届全国红色故事讲解员大赛落幕。多年来，中央宣传部、文化和旅游部共同举办的全国红色故事讲解员大赛中涌现出一批金牌讲解员、金牌志愿讲解员，以真挚的情感、引人入胜的讲解、精益求精的探索，让红色故事"抓"住人心。

让红色故事"抓"住人心，讲解员必先打动自己。首届金牌讲解员张译文生长在四川广安，从小对邓小平同志的故事耳濡目染，当上邓小平故里景区的讲解员后，她饱含情感的讲述曾使一位坐在轮椅上的老人颤颤巍巍地站起身来向她鞠躬致敬。第二届金牌志愿讲解员马洋表示："想把故事讲好，首先你自己得相信。"在资料搜集过程中，讲解员不断加深对历史的体悟，讲解有感而发，做到了不当"传声筒""复读机"。第三届专业组金奖获得者李洋，第一次看到写有"死在光明"的领尸证文物时深有触动、驻足良久，在比赛时讲述抗日英烈王学尧视死如归的故事，几度哽咽，抓住了评委的心，获得了全场最高分。

让红色故事"抓"住人心，需要讲求技巧。入微的细节、细腻的语言、立体的形象能够带来感官上的身临其境。首届金牌志愿讲解员沈莉莉在决赛时选取绣红旗的故事诠释"红岩精神"：红花被面做底，白布衬衣做五星，"因为不知道五星如何排列，就把星星放在旗中央，形成圆圈……他们把红旗藏在了地板底下，想着解放时就能用上，可是他们没能等到解放"，就遭到了血腥的屠杀。动人的细节娓娓道来，台下的观众眼眶湿润。第四届专业组决赛第一名赵雅轩，讲述高原女军医路俊霞的故事，在对驻防战士的外貌描述中——"皲裂的嘴唇""凹陷的指甲、僵硬凸起的关节"，战士们的家国情怀在"触目惊心"的画面中得以呈现。金牌讲解员刘国栋则将自己比喻为一名导演，他的工作是让讲解成为一场"蒙太奇"式的叙事，调配、运筹、展现，"让参观的过程像在享受一部电影或者是一个舞台剧"。

让红色故事"抓"住人心，不能脱离真实的基调。生动的细节离不开挖掘，精确的史实离不开考证。军队选手崔义佳为了发掘"故事富矿"，深入基层、贴近官兵，两个月写下数万字笔记；淮海战役纪念馆志愿讲解员李楠，除了从讲座、书籍中汲取知识，还通过实地走访、阅读参战老兵口述史、回忆录等方式，把一些战斗情节融入解说词中，让展品和人物鲜活起来；第三届志愿组铜奖获得者丁文浩，为了讲好讲实"嫦娥三号"的故事，采访了总设计师孙泽洲研究团队，并联系国家航天局等权威机构来获取最翔实的资料。讲解员在工作中会遇到很多历史事件亲历者，能听到一些不为人知的历史细节，他们处处用心，把这些素材积累起来、运用到讲解中，勤奋专心的讲解员们日复一日下苦功，终于练就了与观众互动时"不怕问""问不倒"的本领。

让红色故事"抓"住人心，要有分众意识。 因人而异的讲解有助于增强故事的贴近性和互动性。青少年的注意力集中时间短，有的讲解员会在其中设置互动环节，让他们的思路跟着讲解走；有的讲解员还会在讲解时采用跪姿，与孩子们保持平视，让孩子们感受到他的真诚。伪满皇宫博物院讲解员王漫在面向青少年观众时，会从幼年溥仪切入，侧重讲解他的生活史；接待研学团体时，则在讲解中把博物院历史放入整个中国近代史，引导他们观察历史的脉动。南昌八一起义纪念馆讲解员周甜在面对青少年观众时会侧重讲出红色精神的教育引导，在保持庄重的前提下偶尔穿插流行词汇，面对中老年观众则声情并茂地还原历史事件，并适当礼貌请教……处处细节的调适都透出讲解员的敬业与精业。

让红色故事"抓"住人心，讲解的内容不能一成不变。 讲解员对故事的重新整合，也能把"老"故事讲出新意。首届金牌讲解员陈倩，留心挖掘老故事的时代价值，将中央精神、时事政治与讲解相结合。党的十八大以来，习近平总书记对家庭、家教和家风建设提出了一系列重要论述，她会同周恩来邓颖超纪念馆的研究团队，一起从丰富的素材中归纳出周总理的家风故事。第三届专业组银奖获得者温泽在复赛时讲述黄继光的故事，她没有复述黄继光牺牲的悲壮场面，而是从卫生员王清珍整理烈士遗体的回忆展开，遗体的惨状、战友的悲痛与沉默以另一种方式勾起了人们对英雄的哀思。志愿组银奖获得者张嘉轩在讲述刘胡兰精神时，将讲解重心放在她的妹妹刘爱兰身上，姐姐英勇就义后，刘爱兰忍着悲痛出演话剧《刘胡兰》，让革命精神的种子以另一种方式在脚下的土地生根发芽，这一构思角度也获得了现场评委的赞许。

让红色故事"抓"住人心，讲故事的形式要勇于创新。主动适应日新月异的文化传播方式，才能让红色精神的传扬与时俱进。首届金牌讲解员史艳菊，在决赛中运用舞台表演形式，扮演了一名即将退休的老讲解员，深情讲述吕梁人民无私支前的故事，这场表演式的讲解给评委们留下深刻印象。如今，很多一专多能型讲解员已不局限于展厅中的讲解，舞台演出、社教、研学……既可以上讲台，也可以登舞台，还能用好新媒体平台。首届金牌讲解员管雅丽带领团队推出"VR+沉浸式""微课堂+情景演绎"等讲解形式。第二届金牌志愿讲解员廖素清，自学手机软件剪辑红色故事视频，作品上传至各网络平台，收获了上百万浏览量。

红色故事要代代相传，需要不断汇聚群众的力量。讲解员们致力于让故事走出展馆，让红色精神播种在校园课堂、田间地头、工厂车间、社区广场。首届金牌志愿讲解员铁路工人何逢，总在工作之余为工友们讲解红色故事，让红色故事传唱在铁路一线。金牌志愿讲解员张珊，与一群志同道合的朋友开设工作室，并积极开展与其他志愿者团队的交流研讨。红旗渠纪念馆讲解员牛琳琳自发成立了红旗渠故事会志愿服务队，让红旗渠精神走入学校、乡村、机关。第三届志愿组银奖获得者环卫工人陈国瑞，担任了"济南青年宣讲团"团长，汇集各行各业的优秀青年，用青年的故事感动青年……在他们带动下，全国各地各行各业、各个年龄段的群众不断加入志愿讲解员的队伍，提供了丰富的讲解角度，形成了多元的挖掘渠道，众多的红色故事素材被探索，红色故事的火种也正在点亮更多人的心。

（2024年第2期）

中国国家博物馆：
弘扬雷锋精神　凝聚志愿力量

海　兵

2024年3月5日，十余名中学生又一次在这一天走入中国国家博物馆（以下简称"国博"），以志愿讲解员身份度过"学习雷锋纪念日"和"中国青年志愿者服务日"。他们是"国博—北京市第五中学青少年志愿服务队"的队员，在"复兴之路"基本陈列、"馆藏英模蜡像展"展厅，进行了"真理的味道——党史上的那些杰出青年"主题宣讲。队员们身姿挺拔、落落大方，热情的讲解赢得了观众的赞许。

服务队从组建至今已有一年半时间。2022年9月，国博与北京五中教育集团签署志愿服务合作备忘录，在青少年社会教育、志愿实践及精神素养提升等方面开展深度合作。经过自愿报名及学校推荐，19名学生成为志愿服务队的首批种子队员。2023年寒假，他们走进国博，接受岗前培训。国博的讲解员老师从博物馆的功能与历史讲起，向他们传授讲解的礼仪规范与发声技巧，帮助他们适应展厅复杂的环境，培养临场应变的讲解素养。经过半个月精心准备，他们再次踏入国博，按展览单元分成小组，依次在展厅按照规范接受上岗考核,考核通过的同学成为志愿服务队的正式队员。寒假结束前,全体正式队员在"古代中国"展厅完成了自己的志愿讲解首秀——队员们身着校服,外套国博志愿服务团队统一的制式马甲,带着一丝稚气和紧张,在各自单元依次轮流为观众讲解,解答观众提问,待命时还自发为观众作参观引导……从中学生到志愿者、从观众到讲解员、从校园到博物馆,队员们在学习之余得以尝试身份和视角的转变。

活跃在国博展厅中的青少年志愿服务队不止一支,国博还与人大附中朝阳学校、北京五十五中、灯市口小学等多个学校共同组建了志愿服务队,队员们在志愿服务实践中成长,也见证了国博"奋斗正青春"志愿者文化宣讲项目的持续开展。该项目是国博汇聚优秀青年力量,传承和弘扬中华优秀传统文化的重要抓手。依托丰富的馆藏资源,该项目实施了一系列能持续、见实效、有特色的志愿服务活动,其中,展厅常态化宣讲,"四史""雷锋日""世界读书日""文化遗产日""国际博物馆日"等主题宣讲,"春雨工程"等流动宣讲,收获了良好的社会反响。青少年志愿者,通过参与丰富多彩的文化宣讲志愿服务实践,加深了对中华优秀传统文化的了解认知,知史爱党、讲史爱国,提高了社会实践能力,增强了使命感和责任感,坚定了文化自信。2022年,该项目入选由中宣部志愿服务促进中心、国家文物局博物馆与社会文物司共同主办的"青少年中华文物我来讲"全国优秀博物馆志愿服务推介项目。

国博长期致力于推动青少年志愿团体的培育和作用发挥,通过组织展厅讲解、主题活动等，为青少年志愿者提供学习专业知识、提升自我能力和贡献社会的平台，凝聚热爱文博事业的青少年志愿服务力量。朝气蓬勃的青少年志愿者，在国博打造的学雷锋志愿服务平台上，在浓厚的学雷锋志愿服务文化氛围中，通过讲述展品和人物的生动故事，从容而炙热地诠释着雷锋精神、志愿者精神。在国博推进的一系列青少年志愿者培养和志愿服务项目中，"传承红色血脉"青少年文化宣讲志愿服务项目是一个鲜明典范。以国博"复兴之路"及"复兴之路·新时代部分"基本陈列、"科技的力量""屹立东方——馆藏经典美术作品展"专题展览、"人格的力量——中国共产党人的家国情怀"临时展览等为依托，通过常态化展厅宣讲、主题宣讲志愿项目实施等方式，讲述革命历史和传递红色文化，引导青少年弘扬爱国主义情怀。2023年，该项目荣获中央宣传部、中央文明办、民政部等18家单位和部门联合表彰的全国学雷锋志愿服务"四个100"先进典型"最佳志愿服务项目"称号。

　　注重学雷锋志愿服务是国博的优良传统。2002年3月6日，中国历史博物馆（国博前身之一）在《北京晚报》等媒体刊登了向社会公开招募志愿讲解员的通知，这次招募标志着国博志愿者队伍正式成立，也开创了国内博物馆通过公共媒体向全社会招募志愿者的先河，国博志愿服务公共平台的搭建由此开始。2011年国博成立志愿者协会，确定了"学习、奉献、分享"的宗旨，并完善了志愿者工作的各项细则，协会注册会员全部为公开招募的志愿者，常年保持在200人左右。2016年，国博志愿服务团队被中宣部、中央文明办列入首批"公共文化设施开展学雷锋志愿服务示范名单"。2020年，为深入贯彻落实习近平总书记关于志愿服务工作的重要讲话精神，国博召开志愿服务工作会议，改组成立志愿服务协会；制定新的章程，馆党委书记担任会长，加强党对志愿服务工作的领导；创新工作方式，实行个人会员与团体会员、项目会员并行发展。协会以"创造，我们的发现之旅"为主题，陆续组织志愿人员走进甘肃省贫困县，开展"春雨工程"公益文化边疆行志愿服务。通过流动展览、教育培训和线上视频课程等方式，为群众展现古往今来各个方面的中国创造与智慧，4万人次线下参观，实现"志智双扶"。同时，协会与北京语言大学、武警北京总队执勤第一支队、欧美同学会等单位签署团体志愿服务合作备忘录，大力发展团体会员和项目会员，进一步提升志愿服务的效能。

国博微信公众号上每周更新"公益讲解时间表"，每个开放日平均二十多场公益讲解，按时间表准时开始。如期而至的展厅常态化公益讲解，使观众可以与志愿者相约国博，优质的志愿服务不再可遇而不可求，已成为国博学雷锋志愿服务常态化运行的一个缩影。国博不断探索创新学雷锋志愿服务工作体系建设，志愿者群体组织纪律严密、教育培训丰富、团队执行力强，本馆志愿者常年坚持活动，同时通过公开招募等方式，广泛吸纳社会力量参与。为保障志愿服务开展的规范性，国博志愿服务协会还制定了招募、培训、考核、上岗、评价等一系列管理制度。经过多年积累，国博志愿者团队不仅在传承和弘扬中华优秀传统文化中发挥重要功能，更成为展示新时代志愿服务精神的先进典型。国博的学雷锋志愿服务在行业内产生示范作用，2021年，中央宣传部、中央文明办等部门联合表彰全国学雷锋志愿服务"四个100"先进典型，中国国家博物馆志愿服务协会荣获"最佳志愿服务组织"荣誉称号。2023年，国博志愿服务团队累计向公众提供志愿服务逾万小时，志愿团队荣获民政部授予的"第十二届中华慈善奖""慈善楷模"荣誉称号。

志愿服务，是公众参与博物馆发展的重要方式。随着博物馆开放程度的日益加深，未来会有越来越多的人通过博物馆等公共文化服务机构搭建的平台融入志愿服务队伍。志愿服务是社会文明进步的重要标志，完善志愿服务制度和工作体系是提高全社会文明程度的重要内容。国博充分发挥学雷锋志愿服务在培育和践行社会主义核心价值观、推动博物馆实现公共文化服务均等化等方面的独特作用，以多种形式，紧密了大众与博物馆之间的文化联结。国博在实践中持续拓展志愿服务领域、壮大志愿服务队伍，提高志愿服务专业化、规范化水平，激励志愿者工作热情，发挥志愿者的积极性和创造性，为文化强国建设凝聚更加广泛的社会力量。

（2024年第4期）

爱我国防

我将继续走在强军兴军的采访路上

廖芷艺

据说，"七年之痒"源于人的细胞七年会完成一次整体的新陈代谢，许多事情发展到第七年就会不以人的意志为转移出现一些问题。果真如此吗？

今年，是我从事国防教育宣传工作的第7年。这7年间，我用手中的小小话筒，记录了三湘大地座座军营近2000多个日日夜夜的强军变化。从这个话筒里，我听到了催征的战鼓，听到了冲锋的号角，也听到了奋进的步伐。

2015年，我有幸成为湖南教育电视台《国防教育频道》的一名"兵记者"。从此，把笔触伸向部队一线、把镜头聚焦演习现场、把话筒对准基层官兵，就成了我的日常工作。

尽管每年的工作大同小异甚至有些都在循环往复，可总有那么几次采访，触动我心底深处。

因为职业，我采访了很多参加过战争的老前辈，从他们口中，听到了很多书本中没有的故事。有一次采访，我第一次当着受访者的面泣不成声。

2020年是中国人民志愿军抗美援朝出国作战70周年，我到抗美援朝老兵刘汉忠爷爷家进行采访。刘老曾是47军的一名排长。抗美援朝战争开始之时，他主动申请奔赴战场，成为入朝作战的志愿军。那时候，他的工作就是给战士们做宣传动员，虽没有在一线与敌军短刀相见，但炮火的轰炸却依然围绕着他。

采访中，刘老拿出一堆旧照片给我分享背后的故事。有一张特别的照片，由于经过战场上雨水与汗水的浸湿，只剩下半张，而损坏的另外半张里，有着好几位当时牺牲在朝鲜的战友。刘老告诉我，入朝那会儿，他只有19岁，处里很多同志对他特别照顾，干事胡喜明就是其中一位。"他跟我很友好，他比我大两岁，很精干，是我们团的青年干部……"刘老回想起当年跟胡喜明共事时的情景，满眼欣喜地跟我说着。

可在战场上，你永远都不知道明天和意外哪一个先来。

一次会议结束，大家从防空洞出来时，不料被敌人的飞机发现，受到轰炸扫射，胡喜明来不及躲进防空洞，被炸弹击中，脑袋被削去了一半……

"那次我没跟他们在一块儿，我也是事后才知道，我听了非常难受，他还那么年轻，那么有干劲……"刘老边哭边说着，回想起牺牲在朝鲜的战友们，刘老一阵惋惜。

我默默地听着一个又一个故事。

他叫徐峰，是跟刘老睡一个防空洞的战友。在他们与友军换防的前一天，徐峰躺在床上跟刘老憧憬着今后的生活："你看我这床单都烂了，明天下阵地以后，看看他们谁回国，我这还存了点钱，让他们给我带个床单，再带支钢笔……"可就在换防当天，徐峰遭遇了敌机的轰炸，再也没有等到战友给他带来的新床单和新钢笔……

听到这里，我也哭了。

在那场战争中，197653名中华儿女在开满金达莱花的土地上献出了宝贵的生命。他们跟我们一样，热爱生活、向往未来，可他们更爱祖国、更爱人民，他们用鲜血和生命捍卫了整个民族的尊严。

刘老说："看着祖国日益昌盛、人民日益幸福，我时常想起当年将生命留在朝鲜战场上的战友们。"

临别前，刘老再次唱起了那首激动人心的战歌："雄赳赳，气昂昂，跨过鸭绿江……"在歌声中，我仿佛看到了烽火中的硝烟与在历史长河中熠熠发光的精神。

虽然抗美援朝的硝烟早已散去，当这首歌再次响起时，仍然可以感受到中国人民不畏强敌的豪情壮志，也让我们更加怀念那些为保家卫国、保卫和平，奉献生命与青春的志愿军战士们！

从刘老家出来，我想了一路，我们做国防教育宣传的目的是什么，不就是弘扬爱国主义和革命英雄主义精神嘛！这让我想起了2019年的一个场景……

"魔鬼周"极限训练是武警部队每年的必练科目。"魔鬼周"的主题离不开"残酷"二字，但那一次，我看到了"感动"。3月18日早上，武警湖南总队湘北片区特战队员在益阳进行高强度体能训练，途经一个村庄时，遇到了暖心的一幕：几个孩子向奔跑着的特战队员敬礼。一个不标准的军礼，暖的不仅是初春乍寒的天，还有军人的心。参与训练的特战队员事后说道："感觉所有的辛苦都是值得的，但当时正在训练途中，没有办法向小朋友们还礼，想跟小朋友们说声抱歉。"经过一番探寻，三名特战队员特意来到曙光小学，找到当时敬礼的郭佳怡、郭旭、郭惠仪3名小朋友，向他们当面表达感谢并还礼。

当身着迷彩的特战队员走进教室，小朋友们的掌声异常热烈。特战队员介绍了此次来意并向小朋友们敬礼时，在场的小朋友们都自发向他们敬礼，暖心的一幕再一次出现。

有个小朋友更是直接对特战队员说："你们辛苦了，感谢你们一直守护着我们。"视频在网上发布后，受到了无数网民的点赞。

让人难忘的，这不仅是一次敬礼，更是一种景仰，孩子们虽然小，但他们的做法纯朴、简单，令人动容。"少年强则国强"，心中有力量，民族才有希望。

这就是我们国防教育应该有的样子。

故事到这，并没有结束，因为我和我的同事们将继续走在强军兴军的采访路上，用手中的笔、话筒和镜头，讲好中国军人的最美故事，继续书写这个伟大的时代和这支伟大的军队！

因为：最忠诚的守候，在遥远的天边；最强大的国防，在每个人的心里！

（2022年第11期）

加强学校国防教育一体化建设

龚立新

《关于加强和改进新时代全民国防教育工作的意见》（以下简称《意见》）指出，"要针对不同年龄阶段学生特点，研究制定加强青少年国防教育的措施办法"。青少年是祖国的希望和未来，也是全民国防教育的基础。加强青少年国防教育，必须以系统思维、创新思维、精准思维推进大中小学国防教育一体化建设，建立起完备的青少年国防教育体系，培养广大青少年崇文尚武的精神风貌、坚强勇毅的意志品质、强健阳光的体魄性格、昂扬向上的阳刚正气、团结协作的集体意识，增强他们关心国防、热爱国防、建设国防、保卫国防的积极性、主动性、创造性，更好担负起社会主义建设者、保卫者、传承者的神圣使命。

以系统思维构建大中小学国防教育一体化建设新格局

党的二十大报告指出，"万事万物是相互联系、相互依存的。只有用普遍联系的、全面系统的、发展变化的观点观察事物，才能把握事物发展规律"。《意见》强调，"实行经常教育与集中教育相结合、普及教育与重点教育相结合、理论教育与行为教育相结合的原则"。"三个结合"旨在以系统化思维谋划新时代青少年国防教育工作，推动国防教育各个方面、各个层次、各个要素相互促进、良性互动、协同配合。加强青少年国防教育，是全面的而不是片面的、系统的而不是零散的、普遍联系的而不是孤立的，必须坚持系统思维，从系统与要素、要素与要素以及系统与环境的相互联系、关系结构、相互作用中去把握、思考和谋划，着力在加强顶层设计、注重全程贯穿、完善教学体系上下功夫，着力提升学校国防教育实效。加强顶层设计，就要成立大中小学国防教育一体化建设指导委员会，全面统筹规划全民国防教育，制订出台关于建立大中小学国防教育一体化建设的指导意见，明确建立大中小学国防教育一体化建设的重大意义、指导思想、目标任务、步骤措施、重点工程、保障条件等，明确大中小学国防教育的体制机制、教学资源、教师培训、科学研究等，充分发挥"咨询研判、督查评估、培训示范、指导引领"的功能和作用。注重全程贯穿，就要充分认识国防教育在国民教育诸学段的存在状况与运用状况，准确把握国防教育在国民教育诸学段的发展规律和本质要求，按照不同学段学生身心特点和成长发展规律，不断创新国防教育的内容、方法、手段和载体，实现大中小学不同学段的一体化衔接，在有序衔接、循序渐进、螺旋上升、有机统一中达到由低到高、由浅入深、由此及彼、由表及里的教育成效。完善教学体系，就要充分考虑不同学段目标重点、实施方式、运行机制和特点规律，以大中小学国防教育的教学目标、教学计划、教学大纲、课程设置和教材体系等要素为纬，以大中小学各学段的学习为经，明确大中小学各学段教学的目标和重点，设置相关的教学单元和专题，形成全面覆盖、类型丰富、层层递进、相互支撑的教学体系。

以创新思维开辟大中小学国防教育一体化建设新渠道

党的二十大报告强调，"我们从事的是前无古人的伟大事业，守正才能不迷失方向、不犯颠覆性错误，创新才能把握时代、引领时代"。《意见》指出，"把破解制约新时代全民国防教育工作深入发展的现实矛盾作为着眼点，坚持创新驱动、立破并举，着力研究解决全民国防教育领域体制性障碍、结构性矛盾、政策性问题，研究提出思路办法和对策举措。"创新动力无限，创新迫在眉睫。以创新思维推进大中小学国防教育一体化建设，必须时时想着创新、处处彰显创新、事事体现创新，在创新实践中打破陈规，破除常规思维的局限，改变不合时宜的习惯，发现以往没有发现的新方法，探索以往没有走过的新路径，对青少年国防教育问题做出新思考、对结构做出新调整、对内容作出新充实、对工作做出新谋划，力求以新的理念、方法和路径解决问题，打开青少年国防教育新局面，开创青少年国防教育新境界。创新是一个一以贯之的实践，是一个持续动态的过程。以创新思维推进大中小学国防教育一体化建设，"重点要抓好理念创新、手段创新、基层工作创新"。抓好理念创新，就要从国防建设的需要、时代新人的角度和民族复兴高度来认识国防教育的重要作用，将其作为打造精神防线、保障国家安全的固本之举，充分发挥国防教育综合育人功能,由培养学生传统的"军事素养"或"国防素养"向"综合国防素养"转变,构建全员全过程全方位的育人机制,着力培养担当民族复兴大任的时代新人。抓好手段创新,就要积极适应5G、人工智能、大数据、云计算、区块链、物联网等新技术飞速发展的新趋势,树立"互联网+"和"国防教育+"的理念,利用信息技术快捷、海量、互动的优势和特点,最大程度发挥信息技术的正效应,推进学校国防教育"上云用数赋能",积极打造"立体、多维、交互"的网络国防教育平台,塑造数字化国防教育新形态。抓好基层工作创新,就要尊重基层首创精神,鼓励不同区域、不同学校大胆试验、大胆突破,试点探索、投石问路,以非同质化实践为学校国防教育提供鲜活经验,把实践中有益的探索、成功的做法上升为长效工作机制,推动大中小学国防教育创新发展。

以精准思维建立大中小学国防教育一体化建设新体系

《中华人民共和国国防教育法》指出,"学校的国防教育是全民国防教育的基础,是实施素质教育的重要内容"。加强学校国防教育,体现党和国家意志,事关国家安全稳定。习近平总书记多次强调,要"有针对性地实施精准对策""不断提高精准性、有效性、持续性"。天下大事,必作于细。精准思维着眼是具体,目标是准确,关键是抓根本、抓要害、抓基础。以精准思维推进学校国防教育一体化建设,重在把国防教育贯穿大中小学各学段,在课程内容设计上各有侧重、阶梯式推进,不断增强国防教育的科学性、系统性、进阶性，避免出现相互脱节、交叉重复等现象。从具体实现形式上看，在高等教育阶段，学校应当把国防教育纳入人才培养体系，纳入学校绩效考评体系，纳入教育教学体系，将课堂教学与军事训练相结合，使学生掌握扎实的国防常识和技能；在高中阶段，学校应当在有关课程中安排专门的国防教育内容，并在学生中开展形式多样的国防教育活动，增强学生国防观念和国家安全意识，强化爱国主义、集体主义和革命英雄主义教育，使学生掌握必要的国防常识和技能；在义务教育阶段，学校应当对学生进行基本的国防教育，将课堂教学与课外活动相结合，积极开展少年军校、军事夏（冬）令营等国防教育实践活动，培养学生爱国主义精神和国防观念，掌握基本的国防常识和技能。同时，加强青少年学生军事训练，采取基地化轮训、错峰施训的方式，普遍开展大中学生军事训练，大学生安排21天，高中生安排14天，有条件的学校开展初中生7天军训，让青少年学生感受令行禁止的严明纪律，养成雷厉风行的顽强作风，历练不畏艰难的吃苦精神，树立奉献国防、报效国家的观念，做到以军辅德、以军促智、以军健体、以军创美。

（2023年第1期）

积极抓好高中生国防教育

王晓萌

　　高中阶段学生的国防教育，是在高级中学和相当于高级中学的学校中向学生讲授与国防有关的思想、知识技能的教育活动，旨在巩固小学、初级中学阶段国防教育的基础上，进一步对学生进行比较系统的国防理论教学和军事技能训练，是学校国防教育的中间阶段。高中生正处在世界观、人生观、价值观形成的关键阶段，观念、意识的可塑性较强，抓好他们的国防教育，就抓住了本源、抓住了重点，意义重大、影响深远。党的十八大以来，以习近平同志为核心的党中央高度重视全民国防教育工作，作出一系列重要决策部署。2022年8月，中共中央、国务院、中央军委印发了《关于加强和改进新时代全民国防教育工作的意见》（以下简称《意见》），为新时代抓好高中阶段学生的国防教育工作提供了根本遵循。

　　锚定培养目标。《意见》明确，要着力增强全民爱党爱国爱社会主义的深厚感情、居安思危的忧患意识、崇军尚武的思想观念、强国强军的责任担当，使关心国防、热爱国防、建设国防、保卫国防成为全社会的思想共识和自觉行动。《全民国防教育大纲》第三条规定，全民国防教育的基本任务是普及国防知识，培训军事技能，培育国防后备人才，激发爱国热情，强化国防观念，增强民族自尊心、自信心、自豪感和凝聚力、向心力，提高全体公民履行国防义务的自觉性。高中生作为国家的未来、民族的希望、国防建设的后备人才，应当着重培育高中生的爱国主义、集体主义和革命英雄主义精神，帮助他们增强国防观念，掌握必要的国防常识和军事技能。

科学设置内容。高中生国防教育的内容设置，要充分考虑高中阶段学生的特点，突出重点、循序渐进，增强国防教育的科学性、系统性、进阶性。依据《全民国防教育大纲》相关规定，高中生在系统学习人文史地和理化知识的基础上应增加马克思主义军事思想，我国国防建设成就、国防方针政策和国防领导体制，人民军队的发展历程、性质、宗旨和职能任务，武装力量知识，近现代国防历史，信息化战争基本常识、国防科技知识，人民防空知识，国际战略环境与国家安全形势等内容的学习。针对当代高中学生的特点，采取基地化轮训、错峰施训的方式，开展必要的军事技能训练，包括队列操练、轻武器操作使用、战场救护等。除此之外，开展丰富多彩的国防教育实践活动，全面提高国防知识储备，增强学生的爱国主义情怀和崇文尚武精神。

优化教学模式。优化高中生国防教育的教学模式，一要加强顶层设计，完善高中阶段国防教育的总体规划。根据《意见》要求，将国防教育纳入学科体系，将国防教育与科技课程、历史课程、时政课程有机结合，在有关课程中安排专门的内容进行讲授，同时将国防教育纳入学校绩效考评机制。二要抓好手段创新。针对高中生的思维模式和阅读习惯，开发国防教育慕课，办好国防教育网站，开设适合高中生群体阅览的国防教育公众号，开发适合高中生阅读和互动交流的软件平台和资源。积极适应5G、大数据、云计算、物联网等新技术飞速发展的新趋势，树立"互联网+"和"国防教育+"的理念，利用新媒体平台快捷、海量、互动的优势和特点，最大程度发挥信息技术的正效应，塑造数字化国防教育新形态。三要积极开展国防教育实践活动。定期组织学生观看国防主题电影、参观红色纪念馆，依托军队资源开展军事夏令营活动，组织全校师生开展国防知识竞赛等。四要建立军人、退役军人担任国防教育辅导员制度，协助学校开展国防教育，提升国防教育的正规化、专业化水平。

（2023年第5期）

过去能打赢，如今一样行

文晓亮

　　这几年，每当我看到摆放在办公桌上的两幅照片，再苦再累也会咬牙坚持。一幅照片记录了1964年毛泽东主席在人民大会堂接见"英雄营"首任营长岳振华和全营官兵，另一幅照片记录了2019年习近平主席在中国航空博物馆接见空军先进单位和英模代表，而我作为"英雄营"代表受到接见。

　　如今，又多了一幅重要的照片：2022年7月，中央军委授予我们营"模范地空导弹营"荣誉称号，习近平主席为我和教导员颁授奖旗，全体官兵与奖旗在营荣誉室前合影。几张照片跨越时代，承载着领袖关怀、定格了光荣时刻。

　　英雄战史催人奋进，创新超越使命在肩。每当走进荣誉室，官兵们都会被这段英雄战史所感染：20世纪五六十年代，装备了美制高空高速侦察机的国民党空军频繁对大陆纵深地带进行侦察挑衅，极力获取我战略情报，我军地空导弹兵应运而生。在这场角逐超高空的战斗中，我们开创了世界防空史上用地空导弹击落敌机的先例，并取得了击落5架敌机的辉煌战绩。

　　作为"模范地空导弹营"第二十四任营长，我深知身上担子的分量。这些年来，我问自己最多的问题就是：当年老前辈依靠落后的装备为何能够战胜强大的敌人，如今我们是不是一样能够打赢？

时刻争分夺秒的状态和劲头，贯穿着我在"模范地空导弹营"奋斗的年华，也体现在全营每名官兵的实际行动中。在我的提议下，"革命加拼命"的口号标语被放置在官兵上下阵地必经的道路上。"革命加拼命"是地导部队优良传统之一，也是新时代官兵投身强军实践的生动写照。

这些年，全营深入学习贯彻习近平主席重要讲话精神，开展了"军事干部讲战法打法，政治干部讲基因传承""党委委员讲战例授课，宣讲骨干讲文物秘密，全体官兵讲红色故事，共同传承'英雄营'精神"等活动，在学习战史的过程中，"故障不过夜""先战备，后生活""以阵地为家、以艰苦为荣"等优良传统、"敌变我变、先敌而变、多变应变、主动求变"的战术思想……一条条制胜密码被不断挖掘、反复提及。

今年，我作为人大代表参加全国两会。在我看来，人大代表这个身份，不仅仅代表个人，也代表着"模范地空导弹营"，更代表着人民空军。肩上的担子重了，要考虑的问题也不一样了。荣誉是一代代官兵奋斗得来的，越是荣誉厚重，越要奋勇向前。只有保持好奋斗的劲头，心系官兵关切，为提高部队战斗力建言献策，才能成为一名称职的代表，才能为自己的团队续写荣光。

当选代表以后，我结合部队实际，与机关沟通、向专家请教、进班排调研，围绕部队打赢能力建设、军事设施保护等提出相关建议。作为国防教育对外开放单位，我们经常迎接地方群众参观，我利用这些机会宣传普及国防教育知识，了解地方对国防教育的需求和对加强国防建设的意见建议。

参加全国两会无疑给我提供了一个难得的充实自己的机会，我要以更高站位思考部队建设和战斗力提升的问题。出发前，我就把一份事先整理好的"问题清单"放进了包里，来到代表驻地后，抓紧利用一切时间与兄弟部队的代表针对这些问题进行沟通交流，以便在会上提出更好的建议。

转眼授称已过去一年，踏上新征程，我们一定要把该执行的规划落地砸实，把该承担的任务高标准完成，在险难之中练就制胜本领，在实战实训中淬火成钢，为如期实现建军一百年奋斗目标贡献全部力量。

（2023年第8期）

三年一贯制国防教育培育技能人才

胡江学　　贺　良

　　湖南三一工业职业技术学院（以下简称"三一职院"）秉承三一集团"品质改变世界"的愿景，对标产业链和现代化企业人才标准，将企业文化深度融入人才培养全过程，建构独具特色的三年一贯制军事化教育管理与服务育人模式，为全面聚焦赋能"先进装备制造业高地"战略实施培养特色鲜明的匠心技能人才、湖湘卓越工匠。

　　一日作息军事化，抓好学生习惯养成教育。将教育管理的育人模式融入课堂教学和校园生活，持续狠抓学生一日作息军事化落实，严格按照"三大条例"和"一日常规"抓实学生学习和生活管理，不断培养学生良好的行为习惯。通过严明的纪律要求考察考核包括学生早操晨跑、内务、实训、日常秩序、课堂纪律等多项关键控制点。同时，将思想政治教育贯穿于军事化教育管理，引导学生扣好人生第一粒扣子，培养学生"特别诚信、特别勤奋、特别能干"的意志品质。

　　宿舍管理军营化，"六位一体"全员育人。对标"好作风、好思想、好经验、好传统"的军人标准，建立严格统一的宿舍内务规范、宿舍卫生标准、宿舍日常考评等管理机制，通过网格化、学生楼栋长自治、积极分子挂牌、教师党员和干部结对子等举措营造作风严谨、纪律严明、积极向上的良好宿舍育人环境。贯彻以学生为中心理念，构建辅导员、素质教师、宿管员、班主任、专任教师、朋辈学生干部等"六位一体"工作体系；发挥富有国防意识、三一特色、贴近实际的"一站式"社区的组织管理优势；深入探索学生社区"15318+"党建思政与三一文化融合引领的"三全育人"新路径。实施三年一贯制军事化管理以来，学校校纪校风持续好转，在校学生违纪率下降至3‰以内。

军事训练经常化，淬炼大学生职业素养。实行三年一贯制军训与国防教育，即新生入学后开展半个月集中军训，此后每学期每周开展半天集中军训，以此来提高学生体能、时间观念和组织纪律意识，强化能动性和执行力，淬炼职业素养。常态化军事训练激发了优秀大学生携笔从戎、参军报国热情，学校多次荣获县市级"高校征兵工作先进单位"，近2年入伍人数共计达到285人。

考核评价可视化，促进学生全面成长。将企业经营管理的仪表盘式切角画像方法融入学生成长管理过程实际，对标企业人才胜任力标准开发学生"人才画像"系统，构建了数字化考核评价体系。通过对学生成长全过程、全周期数据管理，学生成长过程多维度数字孪生，达成数字化的学生成长客观评价，直观呈现学生成长状态，激励学生主动学习、自我成长、全面发展。坚持校企合作、产教融合、标准贯通，通过军事化、标准化教育管理与服务，将人才培养目标与企业技能型人才标准深度耦合，培养过程偏差及时控制，促进学生岗位适应能力明显增强，及时有效地满足产业转型升级对人才的新要求。

抓住时代机遇，勇立时代潮头。三一职院三年一贯制军训教育为独具特色匠心技能人才培养开启了有益探索，学校将始终秉持"为党育人、为国育才"的初心和使命，坚持优良办学传统，传承企业家创业精神，以立德树人为根本，以学生高质量就业、高质量发展为目标，继续深化三年一贯制军训教育育人模式的新方法新路径，努力培养特别诚信、特别勤奋、特别能干的高素质技术技能人才。

（2023 年第 9 期）

再见，更好再见

王　雄

2023年9月1日，当退伍命令宣读的那一刻，往事涌上心头，我的青春在这一天告一段落。从这一刻开始，我的军旅生涯结束了。

初来连队的那天，天气晴朗，我永远记得那一天，2021年9月4日。这是一个光荣的集体"钢铁连"，很荣幸，我能成为其中的一员，一名侦察兵。

我出生在一个平凡的家庭，却有着一颗不甘平凡的心。2018年9月，我怀着炽热的心，被定向培养军士院校录取，从此开始了我的大学迷彩生活。第一次的队列、第一声的点名答到、第一次的三公里，都点燃了我对未来的各种憧憬和希望。没想到，刚到连队的第一次摸底考核，我引以为傲的五公里越野，就被老兵远远地甩在后面，快速精度射击接连脱靶，弱项课目应用攀登更是惨不忍睹。那一刻，苦楚和郁闷难以言喻，我看到了差距，同时也激起了骨子里不甘的血性。

从那天起，我开始给自己制订计划，暗下决心，一定要冲在前头。训练场上加练强化，训练场下悄悄努力，手破腿肿都是家

119

常便饭，但付出的辛苦和努力，一切都值得，经过层层考核，我如愿到了特战排的尖刀班。而这，只是开始。

2021年旅侦察骨干集训拓宽了我的视野。全旅的侦察精英会聚一堂，进行为期一个月的"魔鬼训练"，从武装10公里到负重25公斤的重装10公里，从每周的休息一天到连贯作业，从搏击对抗到拳拳到肉满身青紫的极限练兵……这些使我明白，只有更优秀才能得到更高的荣誉。

在集团军组织的战术引导员集训中，我和入伍14年的老班长一起彻夜加班，一个个不眠的夜晚，我们背记理论、练习专业技能、学习新战法、探索新装备……在一次次实践中摸索经验，衣服湿了干，干了又湿，只为载誉归来，为连队争光。后来，我还参加了旅狙击手集训、步兵特战化集训等，而集团军狙击手比武那次，更是让我经受了一次全新洗礼。从极限体能、伪装渗透、无人机侦察，到综合演练、重装50公里潜伏渗透带伤进行，一路摸爬滚打，逆境时的迎难而上以及拼上一切的血性，使我身心得到淬炼。

铁骨铮铮、百炼成钢，这是我们连的作风训风。忠诚，代表了我们的信仰，为信仰而战，为荣誉而战。我们连曾两度征战高原与外军对峙，我在2022年参与其中执行任务，这也是军旅生涯以来我最引以为荣的骄傲。

从军，是我最正确的选择。能够在祖国的边疆守护着身后的万家灯火和岁月静好，我很自豪。军营，不仅磨炼了我坚强的意志品质，让我学会面对挫折要攻坚克难，这种永不言弃的精神也将会让我在以后的路途中不畏艰难险阻。虽已脱下军装，但那不懈奋斗的冲锋号令始终在我脑海中回荡，部队的优良作风也将伴随着我的一生。

　　再见，是离别，也是为了更好再见。一日为兵，终身姓军！若有战，召必回！

（2023年第10期）

牢记领袖嘱托　锻造空降利刃

尚　磊

　　自从担任黄继光生前所在连队的指导员后，我经常去的地方就是黄继光荣誉室，面对黄继光老班长的铜像，向他汇报连队的近况。每当看到以冲锋姿态巍然挺立的那尊铜像，老班长"舍身堵枪眼"的英雄壮举就会浮现在我的眼前。

　　1952年10月，上甘岭战役爆发。为了战斗的胜利，黄继光在身体多处负伤、弹药用尽的情况下，毅然用胸膛堵住了敌人疯狂扫射的机枪射孔，用生命为部队开辟了前进的道路。

　　岁月更迭，精神永存。几十年来，连队经历过多次改编，无论在什么样的条件下，一茬茬官兵始终高扬黄继光英雄战旗，勠力同心、奋勇前行，克服一切困难，完成一系列重大任务，取得了诸多辉煌荣誉，连队先后被空军授予"空降兵模范六连""抗洪抢险先锋连""黄继光英雄连"荣誉称号，2013年被中央军委授予"模范空降兵连"荣誉称号。

　　2023年8月21日是连队被授予"模范空降兵连"荣誉称号10周年。在授称10周年之际，连队全体官兵给习近平主席写了一封信，汇报近年来的状况，表达牢记嘱托、不辱使命、再创佳绩的信念和决心。八一前夕，我们收到了习近平主席的回信，全连上下无比振奋、倍感荣光。我第一时间带领官兵来到黄继光铜像前，向老班长报告了习近平主席回信内容。

习近平主席的回信是勉励，更是鞭策。作为"模范空降兵连"第39任政治指导员，面对领袖嘱托和连队辉煌历史，肩上重担如山，我一直在思考：身为黄继光英雄传人，在新时期如何跑好手中的接力棒，让黄继光英雄精神在连队官兵的身上发扬光大。

只有不忘历史，才能开辟未来。作为被习近平主席授予荣誉称号的连队，连队官兵以及"黄继光英雄连"战旗也曾光荣地被习近平主席检阅。我们始终不忘领袖厚爱，在荣誉室展示受阅战旗，在营区设置"领袖关怀"橱窗，让受到检阅和接见的官兵谈感受、作报告，让官兵把习近平主席的"金句"写床头、上黑板，不断打牢"铁心跟党走"的思想根基。

多年来，我们注重用红色基因铸魂育人。每逢新兵入营、新干部下连，第一堂课就是讲黄继光故事；第一顿饭就是忆苦思甜饭；第一部电影就是《上甘岭》；每晚点名第一个呼喊"黄继光"，全连齐声答"到"；"黄继光班"至今保留着黄继光的床铺，战士们每天为老班长铺床叠被……这些有形无形的工作，将官兵心中的信仰扎深固牢，使黄继光英雄精神影响着每名官兵的日常行为，一点一滴筑成官兵心中不倒的精神长城。

以信念铸魂，用信仰作骨。牢记领袖嘱托，追随着英雄的足迹，官兵们心中的信仰持续扎深固牢，黄继光英雄精神也融入每名官兵的日常行为。一级上士汪文博曾因跳伞不慎致使右腿胫骨骨折，原本准备豪情满怀在部队大干一场的他萌生了退役的念头。看到他的变化，连队为他讲述黄继光身上多处负伤仍要完成任务以及上甘岭战役中"瞎子背瘸子"的英雄事迹，并为其量身制订康复计划、打造训练套餐，使他迅速转变，最终成长为"空降尖兵"。

在强军新征程上，我们一定会牢记使命、珍惜荣誉，弘扬光荣传统、砥砺血性胆魄、苦练过硬本领，努力锻造能打必胜的空降利刃，为党和人民再立新功。

（2024 年第 1 期）

在军旅和学业中找寻自我

廖明辉

北京电子科技职业学院是地方与部队联合培养优秀技能人才的高等学府，我很荣幸在高考结束后能够进入火箭军士官定向培养行列。

在学校期间，每天早上6点，同学们起来跑操，成为学校一道亮丽的风景线。每天除了早操还有专业课理论学习、操课训练、体能训练等。这样日复一日、年复一年的学习生活，让我对军队的生活更加向往。

经过三年半军事化的学校生活，我顺利地进入军营，成为一名合格的士兵，圆了儿时的梦想。进入部队后，身份也由此转变，从学生到军人，是一个华丽的转身。在五年军事生涯中，我明白了许多事情，成长了许多，收获了很多。第一要守纪律和担责任。军队要有纪律和责任，遵守纪律、承担责任和准时完成任务，让我更加有担当，能够为祖国贡献、为社会造福，为人民服务、为国防献身，同时也能被人民所尊敬。第二要加强团队合作。军队强调团队精神，集体利益大于个人利益，个体需要服从集体，才能使这个团体更加牢固。所以士兵们相互依赖、协作和支持。几年的当兵生涯，让我学会与不同背景和性格的人合作。第三要注重体能训练。通过参与晨跑、军事训练和体能测试，让每个士兵提高身体素质、增强耐力和力量，为建设世界一流军队提供前提保证。在军队中，时常会有突击检查，查看士兵们的状态，要做到随时拉得出、跑得动，只有这样才能打胜仗。第四要不断提升自我。参军的经历为我提供了自我提升的机会，不仅学习了理论知识，同时也加强了实践锻炼，提高了自己各方面的能力，如武器操作、战术训练、医疗急救等。这些技能不仅在军队中有用，而且回到地方后也能派上用场。第五要有国家和荣誉意识。参军这些年让我更深入地明白了国家的意义和军人的使命。第六要处理好人际关系。在军队中，我们会结识来自不同地方的战友，大家建立了深厚的友谊。这些友谊可能会持续一生，并成为宝贵的精神财富。

总之，对于我而言，参军是一次宝贵而独特的经历，这种经历锻造了自信、坚韧、自律和奉献的品质，为我今后的人生道路提供了坚实的基础和宝贵的经验。结束军旅生涯后，我又通过自己的努力，不断学习，扩展知识面，成功地考取了研究生。我将时刻铭记部队对我的培养和期望，力争在新征程上取得更大的成绩。

（2024年第2期）

"校地军"携手开创国防教育新模式

胡　烽　方炎申

2021年以来，湖南电气职业技术学院与湘潭市退役军人事务局、武警湘潭支队签署长期合作协议，深入实施"校地军融合育人工程"，构建"四阶梯"国防教育协同机制，搭建"三平台"国防教育阵地，打造"三全一培"入伍大学生培养模式。通过"校地军"携手共建打造服务、教育于一体的平台，引导学生坚定理想信念。

构建"四阶梯"国防教育协同机制，合力提升高校国防教育的质量和效果。通过机制共建、平台共建、活动共建、教学共建"四阶梯"，推进"校地军"协同一体的国防教育，健全体制机制，搭建教育平台，实现资源共享，提升学校国防教育的质量和效果。

建立常态化工作机制，成立共建工作领导小组；"校地军"共建国防教育基地、国防教育室、退役复学大学生之家、征兵工作站等国防教育专门平台，为开展国防教育、征兵宣传、退役大学生服务、志愿服务提供丰富的载体；共同举办国防教育特色活动；共同开展国防教育、征兵、退役军人事务等相关课题研究，形成一批具有理论价值和实践意义的优秀成果；师资互聘互用，联合开发军事课程和军事理论教材。

搭建"三大平台"国防教育阵地，有力保障征兵工作顺利推进。 以国防教育基地、征兵工作站、退役复学大学生之家"三大平台"为主阵地，通过优势互补，有效弥补高校国防教育、征兵工作、退役复学大学生服务缺乏平台支撑的短板与不足，为提高学生国防素养、激发学生入伍热情、实现退役复学大学生再教育提供有力保障。

充分利用湘潭红色教育资源丰富的优势，积极开展"校地军"共建，资源共享、互惠共赢，大力推进国防教育基地建设，实现"1+1>2"的效果；为大学生入伍提供"一站式"精准服务，挂牌设立征兵工作站和征兵办公室，成为湘潭市首个建立"两站"的高校；与湘潭市退役军人事务局共建"退役复学大学生之家"，为退役复学大学生成长创造了良好的学习和生活环境；承担湘潭市退役军人学历继续教育和职业技能培训任务。

打造"三全一培"入伍大学生培养模式，努力助推高校国防人才培养全程化。 湖南电气职业技术学院积极联合湘潭市退役军人事务局、武警湘潭支队，将入伍学生教育与服务保障工作贯穿入伍前、服役中、复学后：入伍前，做到"三全一培"，即征兵工作全员参与、宣传发动全要素覆盖、全程提供优质服务保障工作，每年举办一期报名入伍学生培训班；服役中，做到"两走一联"，即走访慰问服役新兵、走访看望服役老兵，与服役学生及其家长始终保持联系；复学后，建立退役军人档案管理库，建立

"一人一档"，包括入伍学生的家庭情况、学习成绩、奖惩等信息。同时，做到"表率与帮扶"，即树立复学学生在学业、国防教育、爱国报国等方面的典型与榜样，开展退役复学学生一对一学业精准帮扶，以及就业、创业、升学等方面的精准帮扶，努力推动大学生兵员征集工作良性循环。

近三年，湖南电气职业技术学院共为部队输送486名高素质技能人才，25名退役大学生考入本科高校，4名退役大学生考取硕士研究生；学校多次被评为湖南省高校征兵工作先进单位。

（2024年第3期）

永远"热辣滚烫"的火红人生

刘海燕

2002年，我从大学校园进了军营，到北京总队双榆树消防中队任见习排长。那是京城一所位于繁华街区的特勤中队，辖区火灾高发，平均每年接警400余起。记不清有多少火树银花的夜晚，我和战友们顶盔掼甲，驾驶火红战车，飞驰在北京的大街小巷，尖厉的警报声划破夜空，也为命悬绝境的人们送去希望。

英勇无畏，逆火而行，是消防员在一次次与火魔搏斗中炼就的顽强品质，也是从部队转业以来激励我不断前行的力量源泉。至今我还清楚记得，2003年，北京某水果批发市场发生特大火灾，我和战友们连续奋战48小时，从火灾现场营救被困群众200余人，大火被扑灭时，许多队员体能消耗到了极致，在现场吃着早餐就睡着了。当时有记者拍了照片并刊发在新闻媒体上，不少人为之感动。走上新的工作岗位，虽然很少再有十万火急的危急时刻，但每当在工作生活中遇到困难时，我总能鼓起勇气、勇往直前，敢挑重担、敢打硬仗，永远不负曾经许下的誓言。

在消防部队，我深深读懂了什么是"军民鱼水情"。我永远记得，当我们从汶川地震救援现场归来时，那些排成长队夹道欢迎的老百姓，眼中都含着感激的热泪；我永远记得，那个为中队每名官兵送上一幅肖像画的中学生，他说每天放学后经过消防队，都会仔细观察每名队员的特点，用了将近一年的时间才完成这些作品；我永远记得，那个大雨滂沱的深夜，浑身上下被雨水浇透依然奔跑着为我们救援车辆带路的小区居民……热爱人民，始终与人民群众心连心，对消防队员来说，绝不是空话大话，而是烙印在每人血液中的永恒基因。

从部队转业7年来，我始终铭记辖区群众曾经馈赠给我的无限信任与爱戴，带给我的温暖和感动，始终牢记务实为民的初心本色。在本职工作岗位上兢兢业业、踏踏实实完成领导交办的每一项工作，自觉同人民群众想在一起、干在一起，着力解决他们的操心事、烦心事。

"千锤百炼锻金刚，烈焰青春正激昂。闻笛飞身赴火海，纵死犹闻侠骨香。"2004年，北京某商场发生火灾，我和战友们像往常一样冲进火场执行任务，当我们搜救到商场三层一个大厅时，屋顶一个巨型的水晶灯突然掉落下来，在我面前不到半米的地方发出轰的一声巨响，砸得粉碎。在结束救援任务返回中队的途中，我有感而发写下上面这首小诗，并在心里对自己说，如果哪一天我真的在火场遭遇不测，这就是我对党和人民的赤诚交代。

对党忠诚，坚定理想信念，是自入伍之日起就烙印在每名消防指战员心中的铮铮誓言。习近平总书记指出，理论上清醒，政治上才能坚定。这些年，我认真系统学习了习近平总书记系列重要讲话和重要论述，撰写了《习近平新时代中国特色社会主义思想蕴涵的八重人生境界》《解决好总开关问题的金钥匙》《我为什么热爱中国共产党》等学习体会，部分文章还在《光明日报》等中央媒体刊发，在主题征文比赛中获奖。

我知道，要顺利完成从一名消防警官向地方工作人员的转变，还有很长的路要走，还会面临重重困难和考验。但我坚信，无论在何种工作岗位上，我都将始终牢记一名共产党员的职责和使命，永远做逆火而行的坚强勇士，为了人民的利益、为了祖国的强盛奋斗终生。

（2024 年第 4 期）

永不褪色的橄榄绿

赵岳平

一眨眼，离开部队 8 年了。虽然离开这么久了，但是 17 年的军旅生涯深深烙印在脑海之中，挥之不去。

我是最后一批毕业分配工作的中专生，毕业后被分配到县农机局上班，受到 50 周年国庆大阅兵的振奋，1999 年 12 月，我不顾父母的反对，毅然放弃很多人羡慕的工作，参军入伍到武警北京总队某部新训大队。

北方的严寒、严格的纪律、高强度的训练，还有那荒无人烟的农场，让不少从南方入伍的战友流起了鼻血，打起了退堂鼓。但是，在新训干部的教育帮助下，我们逐渐适应了部队的生活，我还被选入师通信集训队。

在通信集训中，排长、班长带着我们进行超乎常人的体能训练和专业培训。不分白天黑夜，我反复背记电话号码、练习专业技能、学习通信理论，3 个多月的通信集训、90 多个日日夜夜，一次次通宵达旦地摸爬滚打、反复淬炼，我的军事技术、身体素质、专业技能都得到质的提升，我在全师通信比武中荣获"五点固定"项目第二名的优异成绩，并被选入师政治部担任通信员。

这次通信集训虽然艰辛，却让我终身受益，不但让我思想上、身体上经受住了一次次考验，而且培养了我勇敢顽强的战斗意志。

我从军校毕业担任排长时间不长，便被选调到支队政治处干部股，负责干部转业随军、任免调配、工资薪酬等工作。职务虽小但岗位特殊，它关系着每一名官兵的切身利益，丝毫不能马虎，这项工作一干就是5年。我在这个岗位上最大的收获就是增强了工作责任感，培养了严谨细致的作风和良好的沟通协调能力。如今，多少年过去了，我仍然能够清晰地记住许多官兵的出生年月、任职年限和籍贯爱好等基本情况，很多转业的战友都成了我很好的朋友，也正是我服务官兵、甘为人梯的工作责任感，使我的工作得到了领导的肯定和认可。

后来，我被调入师政治部宣传科，负责师党委中心组的理论学习和部队的宣传教育工作。担任这两项工作，必须具备较高的政治理论素质和文字写作水平，我深感自己能力不足，于是下苦功提升自己的能力。两年多的刻苦学习和岗位锻炼、700多个日日夜夜的加班加点，虽然平添了几丝白发，但自身的能力和水平有了明显提高，除了40余次组织协调师党委机关集中理论学习外，还撰写了40余份调研报告、宣传方案、教育提纲、领导讲话等文字材料，组织编写的部分经验做法，得到了武警北京总队、师党委首长的充分肯定，并被总队转发。

再后来，我又被调到支队担任保卫股长，负责官兵的政治考核等工作。支队常年处在复杂特殊的执勤一线，在各种拉拢诱惑和腐朽文化思想的侵蚀面前，官兵们面临着严峻考验。为此，我们认真组织大家学习习近平新时代中国特色社会主义思想，深入进行世界观、人生观、价值观教育和法纪警示教育，严密组织对担负重大特殊任务的官兵进行政治考核，确保了担负任务的官兵绝对忠诚、绝对纯洁、绝对可靠。通过岗位历练，进一步提高了我的政治觉悟，更加坚定了我忠诚于党的政治信仰。

"物有甘苦，尝之者识；道有夷险，履之者知。"是部队培养了我、造就了我。如今虽然离开部队转业到中央机关工作多年，但我忠诚于党、服务人民的政治信仰，积极作为、迎难而上的政治担当，严谨务实、扎实细致的工作作风始终没变，心中的橄榄绿永不褪色，永远激励我坚守理想信念、顽强拼搏，不忘初心、勇攀高峰。

（2024 年第 5 期）

愿做一朵小浪花

高振远

或许一切都早已经注定。1998年年初，刚上小学一年级的我，在课外书中看到了一种叫"航空母舰"的战争武器，知道这是一种能容纳数千名官兵的巨大军舰，甲板上可以起降战机，内部还有医院、邮局和银行，就像一座移动的海上城市。遗憾的是，当时只有美国、英国、法国、俄罗斯这样的军事强国才拥有航母。我多么希望中国也能拥有航母，更渴望有朝一日能够亲眼看到它。

正所谓"念念不忘，必有回响"，16年后的2014年，我保留研究生学籍携笔从戎，光荣地成为一名海军战士。新兵集训时，当看到营区内展出舷号"16"的辽宁舰模型时，我心潮澎湃：现在的祖国更加富强了，已经拥有了以航母为代表的先进装备！只要刻苦训练，我就有机会成为航母舰员，这是距离实现儿时梦想最近的时刻啊！

幸运的是，靠着努力和坚持，我等到了这一天。

登上航母的那一刻，除了新奇，我内心更多的是自豪感和使命感。在我眼里，它不单是一艘超级战舰，它更是一种象征，一种民族复兴的象征。当自己能有幸见证历史甚至参与历史，我更能体会到个人的价值在伟大事业中得以体现的荣耀。

在分配岗位前，有人建议我发挥文科生特长，去政工部门搞宣传，也有人建议我申请去甲板上工作，穿着彩色马甲，出现在电视镜头前。但为了磨炼意志，我选择到动力中队工作，成了战友们口中"中国航母历史上学历最高的锅炉兵"。我们的岗位被称为"航母心脏"，负责锅炉和主机的运转。这里需要常年在水线以下值守。由于设计原因，机舱温度近60摄氏度，差不多就是家用吹风机对着脸吹热风的感觉。噪声大得面对面说话，也得扯着嗓子喊。只要出海，就意味着全天在岗、循环值守，经常10多天见不到太阳，空气里没有大海的味道，只有浓烈的机油味。说是在航母上工作，日子却过得像一个潜艇兵。虽然有时候也会抱怨几句辛苦和疲惫，但年轻的战士们谁也没有在岗位上懈怠，一有空就保养装备设施、学习操作规程，用心完成每一次操作，为国之重器提供澎湃动力。

一次航行训练中，我登上飞行甲板眺望远方，一望无际的茫茫大海令我陷入沉思。在我们看来已然是庞然巨物的航母，在大海上则好似一叶扁舟，随着波浪上下起伏。这就像我们身处历史长河中的沧海一粟，生命只是短暂的一现，很难留下印记，但我们亦像朵朵浪花，用有限的力量托举巨轮奋力前行。

年轻的我们极其幸运，能够亲历中华民族伟大复兴的历史征程，可我们是否有足够远大的理想、是否有足够坚定的信念、是否有与之相称的能力去担当国家和时代交予我们的重任呢？而这，应该就是这一段从军经历的最大意义，它让我深知前路之艰险、责任之重大，唯有珍惜韶华、脚踏实地，把远大抱负化为实际行动，才能完成好历史赋予我们这一代人的使命。

如今，我已经完成学业参加工作，和航母天各一方，只能从新闻报道中看到它的身影。但身上"航母人"的烙印永不磨灭，"无惧风雨，飞得更高更远"的信条将伴随一生，内心深处一直有一个声音在回响：愿化作一朵奔腾的浪花，无论身处何地、身居何职，做好每一项工作就是在为航母人争光，就是在为伟大事业作贡献，而祖国终将选择忠诚于祖国的人，也终将记住奉献于祖国的人。

（2024年第6期）

忆峥嵘岁月　创美好生活

刘汉成

前两天一位战友给我发来一段视频，这是我们当兵、上军校时的战友、同学在一起工作、学习、生活的视频，看着熟悉的面孔和离我远去的场景，勾起我对军旅生活的回忆，往事像电影一般在脑中闪现，让我思绪万千。

20世纪90年代初，一群刚离开学校、血气方刚的年轻人响应祖国号召，为实现人生理想从祖国的四面八方来到太行山下的军营，成为光荣的地空导弹兵，从此与蓝天结缘。在这里除了正常训练，更多的是在各自岗位上练协同、练配合，一条指令、一句口号、一个动作都要进行无数次地反复练习，直到指令准确、口令清楚、动作娴熟、配合默契、步调一致。训练之余大家始终没有忘记自己的梦想：考军校。为了考上军校，我们几个有意愿的战友结成学习小组。部队领导对我们考学非常支持，单独为我们安排一间教室用于学习，这间教室的灯享受熄灯号吹响后可以继续亮的"特权"。我们非常珍惜这来之不易的学习机会，常常挑灯夜战。就这样，大家白天一起训练、晚上一块学习，相互鼓励、相互学习。我们几个人在坚持不懈地努力下，有幸挤上独木桥，考上了西安一所军校，开启了新的人生旅途。

我们上军校时虽然海湾战争已经结束，但它的影响还在持续，它颠覆了大家对传统战争的认知，也让我们看到了与美军在武器、观念等方面的差距。伊拉克军队的溃败，更让我们感受到军人对国家、对人民忠诚的重要性。为铸牢对党忠诚的政治品格，我们主动加强政治理论学习，到延安接受精神上的洗礼、思想上的熏陶。为提高个人综合素质，我们认真学习科技文化知识，广泛阅读军事理论、武器装备等方面的书籍，积极参加各项军事训练、体能锻炼。为更好地熟悉武器装备性能，我们努力学习兵器理论，珍惜每一次在兵器车上的实践机会。军校生活紧张而又充实，转眼之间又到一年毕业季，大家共同喊出到边疆去、到艰苦的地方去、到祖国最需要的地方去的心声，一起向党组织递交志愿书，在党旗上庄重签名。从此，在雪山、海岛、沙漠、戈壁上留下了战友们的身影。

当我们怀着一腔热血来到基层，正赶上部队武器装备更新换代期。新装备还没有到位，旧装备还在正常使用，这种状况让我们有点接受不了，因为大家在学习新装备上可花了不少心思和精力。但军人以服从命令为天职，一番思想斗争后，我们决心尽快融入新的集体，扑下身子和连队的战士们打成一片，虚心向大家学习，刻苦钻研现有装备，努力挖掘它的潜能，潜心研究适合它的各种战法，让老装备在演习中焕发新的光彩。随着新装备的逐步到位，我们感到肩上那份沉甸甸的责任，深知装备先进不等于就能战胜强敌。为了让新装备尽快形成战斗力，我们顶风沙、斗酷暑、迎朝阳、战长夜，研究、使用新装备。我们以战争就在眼前的紧迫感，将全部心思向打仗聚集，砥砺战斗作风、锤炼战斗精神、苦练打赢本领，为的就是一声令下挺身而出、不辱使命。

铁打的营盘流水的兵。今天我们大多数战友都已离开部队回到地方，军旅生涯既给我们留下一段美好回忆，也让我们养成了终身受益的习惯和作风，帮助我们尽快适应地方工作，开创属于自己的美好新生活。

军旅无悔，我自豪有一段从军经历！

（2024年第7期）

军旅一小事助我大成长

王群星

都说部队是一个大熔炉，是一所大学校。我在部队的那些年，既锤炼了体格，也锤炼了思想，更是从中升华了"人民至上"的理念。

记得在团机关任宣传干事时，有一天，一名连队的战士来我办公室领取资料，当时自己正打扫卫生，准备迎接机关的卫生大检查。一看来了名战士，我灵机一动，便指挥他帮着搞完卫生再走，心想"有听话的战士，不用白不用"。这名战士闻令而动，卷起袖子就干，蹲下身子擦地板，钻进桌底扫尘土，爬上窗台擦玻璃，手脚利索，动作麻利，不大一会儿工夫便把我的办公室打扫得干干净净。

就在我为自己的"灵机一动"洋洋得意时，这一幕也被路过办公室门口的政治处主任尽收眼底，但他并没有当面直接批评我。待那战士走后，主任就把我叫到了他的办公室问我："学《军队基层建设纲要》了吗？知道里面关于机关指导基层章节第一句怎么说的吗？"我一听，话中有话，弦外有音，也深知自己就是从一名基层普通战士成长起来的，再回想刚才那一幕，顿时脸红脖子粗，内心的愧疚感翻江倒海般涌上心头。主任接着讲了许多道理，对我加强思想政治教育，我至今还深深记得那句刻骨铭心的话"基层第一，士兵至上"，这与"群众是真正的英雄，人民至上"不是同样的道理吗？干部如何对待群众的一件小事，其背后隐含着把群众放在什么位置的大事。

从部队转业后，我到《党建》杂志社工作，更加深刻认识到树牢群众观念、走好群众路线的重要性。自己作为政治机关的党员干部，在与基层群众的每一个电话、每一句交流、每一次接触中，都蕴含着党对群众深深的感情呀！

现在所处的办公楼里，就有一些每天都会面对面接触到的群众，他们是保洁员、厨师、维修人员、物业工作人员等，长年累月默默无闻地劳动着、奉献着，用辛勤的付出有力维护着机关工作的正常运转。在一次全社干部大会上，社领导非常动情地说了一段话："负责我们楼层的保洁员，年龄比较大，都是当奶奶的人了，我都称她为大姐，希望大家都要尊重她，能自己动手做的，尽量不要给大姐添麻烦。""不添麻烦"，一句很普通的话，却道出了党员干部对群众应该有的朴素的感情。从此，我把这种理性的认识和朴素的感情化为自觉的行动，自觉地把茶叶等杂物归放到垃圾箱，主动地打扫好自己的卫生区域，按点就餐、拾盘、推椅，我也尽力地做好善待身边群众的每一件小事情、每一个小细节。

记得有一年秋天，负责我们楼层保洁工作的大姐因为要回老家照看小孙子就要离职了。临行前，已经与大家相处得很融洽的大姐到我们楼层办公室一一告别，饱含依依不舍之情，同事们也热情地与她说着热心话并悄悄地为她可爱的小孙子准备了可爱的小礼物，党群关系、干群关系在热烈的场景中升温、升华。从中，我深刻体会到，作为党员干部，你把群众举过头顶，群众就会把你捧在手心里。

岁月留痕，思想有迹。退伍不褪色，转业不转志。部队大熔炉给予我的锤炼，部队大学校教会我的思想，我永远铭记于心。作为一名党员干部，坚持人民至上，把群众当作亲人，是一辈子的永恒课题，是践行初心、履行使命的根基所在、血脉所在、力量所在。

（2024年第8期）

一座永远矗立在我心中的丰碑

张少波

　　我从军28年，记忆中写满了许多无法忘怀的故事。这些故事成为我成长进步的"营养剂"，和不畏困苦的"砥砺石"。下面便是这些故事中的一则。

　　2007年11月30日上午，孟祥斌带着前一天来部队探亲的妻子和3岁女儿到金华市区购物。11时15分左右，三人行至城南桥时，看见一名女青年跨过护栏跳入婺江。孟祥斌见此情景，迅速蹬掉鞋子，甩掉上衣，准备跳江救人。此时，一位中年妇女跑过来拉住他说："这里太高太危险。"妻子也劝他："你绕道从江堤上下去吧。""来不及了，救人要紧！"孟祥斌边说边从10米高的桥上纵身跃入江中，快速游到女青年身边，托住她奋力向岸边游去。江宽水冷，孟祥斌在水中艰难地向前游了10多米后，渐渐体力不支。这时，金华江丰水上游览有限公司的一艘摩托艇闻讯赶来，孟祥斌拼尽最后的力气，将女青年推向摩托艇，自己却沉入江中，献出了年仅28岁的宝贵生命。

　　孟祥斌牺牲后，当时在现场的群众纷纷向媒体讲述自己对英雄的感动和惋惜。当晚，在媒体的推动下，以"一个人感动一座城"的吊唁活动迅速在金华市民中自发开展起来。民间艺人还专门创作并演唱了歌曲《这一次》。歌中唱道:"这一次你纵身一跃,滔滔婺江见证壮烈。这一次你奋力地托举,托起生的希望震撼人间。这一次你永远离去,传扬正气如唱大风歌。这一次虽不再醒来,却用生命的光芒照亮人间……"

消息传到北京,二炮党委迅速组成联合工作组奔赴金华。我的任务是采写孟祥斌同志的先进事迹,时间5天。责任重大,使命如山。"孟祥斌是个怎样的人?他的纵身一跃是军人的本色还是一时的冲动?怎样才能把一个真实、立体、可信的孟祥斌呈现给二炮广大官兵乃至全国人民……"刹那间,一连串的问题在我头脑中萦绕。

到达目的地后,我立刻召集采访人员开会,研究制定行动方案:兵分四个小组,一组赴孟祥斌的老家山东齐河,挖掘其入伍前的日常点滴;一组赴孟祥斌深造的军事院校,挖掘其在院校的一贯表现;一组收集金华市对孟祥斌救人事迹的各种报道,同时收集孟祥斌的档案资料、学习笔记、遗物等;一组听取所在部队领导介绍,并动手搭框架、磨稿子。由于孟祥斌从军校毕业后一直做机要参谋,工作的特殊性使得了解他的人很少。为此我提出两点要求:一是深挖细节,二是3天后各组汇合。

调查发现,孟祥斌从小向善向上,经常帮助村里的孤寡老人挑水、扫地。1993年,他被齐河实验中学评为"三好学生";1995年,被齐河实验中学评为"模范班干部"。入伍后,孟祥斌注重政治学习,追求政治进步,他曾在《献身国防事业志愿书》

中写道："毕业后，我坚决服从组织分配，无论到什么地方工作，我都安心服役，立足本职，兢兢业业，勤奋工作，将智慧和力量献给崇高的国防事业。"孟祥斌钻研业务非常刻苦，书上到处是红、黑笔所作的注解。在孟祥斌的遗物中发现，他有3个无偿献血本、几张汇款收据和一个欠款记录本，这些，无不见证着孟祥斌对社会、对父母、对家庭的爱心、责任和担当。

英雄来自人民，人民需要英雄。孟祥斌高票当选"感动中国2007年度十大人物"。组委会授予孟祥斌的颁奖词是：风萧萧，江水寒，壮士一去不复返。同样是生命，同样有亲人，他用一次辉煌的陨落，挽回另外一个生命。别去问值还是不值，生命的价值从来不是用交换体现。他在冰冷的河水中睡去，给我们一个温暖的启示。

孟祥斌，永远活在我心中！

（2024年第9期）

一天是军人，一辈子是军人

李现森

时间过得真快，一晃离开部队到地方工作都8年啦！从学生到军人、从战士到军官、从部队到地方，回顾26载军旅生涯，我深刻地感悟到：从军是无悔的选择。

大国长剑，守护和平；国之重器，英雄辈出。1990年3月，我参军入伍成为一名光荣的火箭兵。"永远听党话跟党走"，是我到部队后接受的第一堂课。忠诚的基因一旦融进血脉，"东风"吹到哪里就会在哪里生根发芽。那一天，我们面对军旗庄严承诺：强化"东风"记忆、传承红色基因，在平凡战位上用非凡战绩抒写对党、对国家、对使命的忠诚，争当"有灵魂、有本事、有血性、有品德"的新一代砺剑人。

长剑在手，固我钢铁长城；枕戈待旦，随时准备战斗。洲际战略导弹仪器精密、危险性高、威力巨大，"严肃认真、周到细致、稳妥可靠、万无一失"是传统，更是铁规矩。这就要求我们每一次训练、每一个操作，都力求做到精准、精准、再精准！"眼睛里始终紧盯强手，骨子里始终涨满血性。"为了成功的那一次，为了关键的那一秒，每个动作我们都是经过了千万次的重复、不间断的超越。

"要想当好兵，必须专业精。"作为一名导弹操作号手，我们最渴望、最有成就感的，就是亲手将导弹送上九天。我所在连队是发射连，有个训练科目叫"跑三路"，指的是默背电路、气路、液路图及其原理。背一张中等难度的电路图，就相当于熟记一座大城市的大街小巷和行车线路。

为确保战位"零差错""零失误"，这样的图，我们每个人都要默背几十张，甚至上百张！尤其是随着导弹武器的每一次改进和换型，我们都要付出更多的艰辛，确保"大脑芯片"一次又一次地升级换代。

日复一日、年复一年的苦练精练，为的就是威慑可信、反击可靠，关键时刻一锤定音、管用顶用。正是经历了无数次磨砺和锤炼，我们的部队涌现出了一大批精通原理的"三路通"、毫厘不差的"瞄准王"，个个都有拿手绝活。

至今记得那年部队在极寒条件下执行实弹发射任务。深冬的塞上高原，气温降到零下30多摄氏度，风刮在脸上像刀割一般难受。发射前夜，作为这次任务的遥测指挥长，遥测营二连三班班长小潘顶着刺骨寒风早早就爬上了车顶，左手旋转天线转轴，右手进行加温作业。就在导弹点火前3秒，遥测天线开始自动搜索跟踪时，他的左手冻得与天线转轴粘在了一起。情急之下，他咬着牙将手从转轴上拽了下来，一大块皮肉留在了冰冷的转轴上。他强忍着钻心的疼，继续指挥操作，直到导弹呼啸着从头顶飞过，一组组遥测数据准确无误地传向基指时才离开岗位……他的那种不辱使命的精神让大家终生难忘。

2016年，走过26年军旅岁月的我选择退出现役，完成了我人生的又一次转型。26年军旅生涯使我感受到：要想做成一件事，除了有坚持不懈、勇于追梦的信念意志，更要有敢于挑战、积极向上的精神品质。

如今，虽然脱下了军装，但骨子里永远流淌着军人的血脉，如果哪一天党召唤我、人民需要我，我将义无反顾，披甲上阵，勇往直前，只因为我是军人，一天是军人，一辈子是军人！

（2024年3月5日）

长缨挥舞护大海

崔永奇

第一次间接闻到大海的气息，是在太原卫星发射中心。那里有枚发射起飞没多久就坠地的导弹，厚厚的黄土，被摔成几段的弹体砸出深浅不一的不规则地沟。

技术人员说，这枚导弹是"巨龙出海"，由"潜（艇）对岸"改为地对地导弹，第一次发射试验失败了。我当时还没见过大海，伫立在"离海"导弹残骸面前，仿佛嗅到了腥咸的海风，在心里与夭折的"战友"默默对话：从大海到陆地，你是不是水土不服才晕倒的？

我和战友们当年发射那种导弹，其家族就是地对地的，一直遵循着周总理给二炮部队的题词："严肃认真，周到细致，稳妥可靠，万无一失。"在面临多种发射试验使命并战胜重重困难后，终于对遥远沙漠里的目标打出了最佳的命中精度。发射成功的狂欢中，我一直高兴不起来，时时想着那枚从大海走来的夭折导弹"杞人忧海"：我们的地对地导弹再稳妥、再精确，能够协助海军战友守卫我们的大海吗？

从那以后，我就关注起大海。

那时，我们从小学到中学，一直牢记的是"领土面积960多万平方公里"，没人告诉我们，除了领土外还有超过半壁江山的领海！直到20世纪末，我们学校的教科书上，才出现了"领海"，让我有了丝"先天下之忧而忧"的欣慰。

在基层连队任职期间，我驻南联盟大使馆遭以美国为首的北约悍然轰炸！同时，强国从公海航母上出发的飞机、舰艇，一直逡巡着我们领海外的经济合作区，甚至"误入"我们的领海。一时，我们一群军中热血男儿，满腔怒火，心里流的泪淌成大海。在守卫国家领域的各种"铁拳"中，还是没有航母！十几位热血沸腾的战友，恳求我这连队主官执笔向军委请愿：自愿减少一半薪水，捐款购买航母……我在苦笑中慢慢向这些战友解释，就是能购买一艘航母，我们也仅仅是购买了一艘航母的躯壳，我们的战机在航母那短小的跑道上还无法起飞……我们必须自己强大，航母这个海上钢铁长城需要综合国力与军事实力，仅靠一腔热血驱动不了具备足够战斗力的航母。

21世纪伊始，我脱下军装，成为地方媒体人。近年，随着旅行机会的增多，我对大海不再陌生。无论在公海还是领海，不管晴天还是雨天，我都喜欢站在游艇的甲板上，任腥咸的海风吹拂，凭湿润的浪花拍打，任凭思绪浮想联翩……我知道，自己是游客，从来没有驾驭过大海；我知道，我们不断发展壮大的海军，即使有了航母，依然不是世界上最强大的；我知道，当强权国家在我领海外大规模军演时，火箭军的战友在陆地上相距几千公里的地方分别发射导弹，按预定方案让两枚导弹精确对撞……陆地上的长缨挥舞，同样在捍卫着我们共同拥有的大海！

没有驾驭过大海，但不妨拥有大海一样的战略火箭军老兵情怀。

（2024年3月6日）

逐梦有回响　起航正当时

薛冰坚

人的一生有几个20年？

倘若以80岁为计，人生不过四个20年。第一个20年，生长期，主要任务是求学，这个时期的绝大多数人大同小异；第二个20年，一次发展期；第三个20年，二次发展期，有人会延续前20年的路径，有人则会主动另辟他径，给自己一个机会和挑战；第四个20年，是向人生的终点不断抵近的回归期，无论各种职业身份，殊途同归。而我在第二个20年，21岁刚刚大学毕业热血澎湃，面对成为职校老师或是广播电台记者或是军官的未来职业选项，毫不犹豫选择了后者；在第三个20年，又选择了后者，走出军营，再次扬帆起航。

何其庆幸，在人生最重要的两个20年，作出了适合自己的选择；何其荣幸，在人生最宝贵的年华，都与家国安宁紧紧相连，并为之贡献自己的一分微薄之力。

圆梦军营的种子，始于求学时期对若干次军训生活的热爱。还有什么比在军营吃苦流汗更难忘记？我在地方大学学的是汉语言文学专业，毕业时已攒下厚厚两本新闻作品，因此军旅绝大部分时间从事宣传工作，吃苦流汗都与写作有关。犹记得那个初春的夜晚，第一次为赶写一篇新闻稿加班到凌晨4点，走出办公楼仰望满天繁星的畅爽；难忘记追赶扑火队伍的"突发特情"，挎着相机、脚蹬4厘米制式皮鞋手脚并用攀爬大火肆虐后的黢黑山体，见到采访对象兴奋到语无伦次；不曾忘2008年初南方雨雪冰冻灾害，以战斗员和记者的双重身份为家乡灾后重建出一把力；更记不得多少次与朴实的基层战士围坐一圈，听他们讲掏心窝的话；还数不清多少回把4岁女儿从幼儿园接到办公室，埋头加班直到晚上8点才想起晚餐还没着落……

纤笔一支谁与似？三千毛瑟精兵。尽管未曾如钢铁战士一般驰骋沙场，但每一个跟我一样的军事新闻人早已把字里行间当成排兵布阵的演兵场，用或犀利或柔软或冷静或热情的笔锋，为火热军营生活立传，为可爱基层战士画像，为质朴带兵人鼓与呼。首届"八一勋章"唯一士兵获得者王忠心、"全国拥政爱民模范"周丰林、第18届"中国十大杰出青年"曾满军、"学习践行党的创新理论好战士"俞细文……看到这些身边的优秀典型通过自己和同事的笔端、镜头让更多的军人和百姓从中获得力量、看到希望、点燃心灯，内心充盈的那种成就感只有新闻人才懂。

当然，成就感并不仅仅是精神上的。跋涉在军事新闻的路上，往往痛苦与幸福交织、艰辛与荣耀相伴。从站在船头桅杆瞭望的新闻干事，到甘为他人作嫁衣的报纸编辑，台前幕后的酸甜苦辣，将迷彩青春填满，亦为斑斓军旅增添浓墨重彩的一笔又一笔：入伍第4年，我因新闻宣传工作成绩突出，依照当时表彰奖励规定，荣立二等功；入伍第6年，因典型宣传工作优异，荣立三等功；入伍第20年，因所负责的军种政治工作宣传成绩斐然，再次荣立三等功……

国防与军队改革车轮滚滚向前。顺应改革洪流，亦为自己下一个20年多一种可能，肩扛上校军衔4年的我，在刚刚过去的2023年向21载军旅依依作别，转变身份，转换职业，又一次扬帆起航，迎着更加宽广的水域开启崭新征途。

逐梦军营青春不悔，重启赛道岁月可期。所谓人生没有白走的路，每一步都算数。走进军营，就是选择奉献；走出军营，亦是为更好地守护家国作贡献。2024，让我们与过去告别，和未来握手，继续逐梦星辰大海，脚步与祖国同行，脉搏与强国共振！

（2024年3月7日）

我的荣誉我的高地

阮德胜

转业12载，我坚持将解放军艺术学院的钢制校徽挂在钥匙链上，时时提醒我曾是一个兵，处处鞭策我"战场无亚军"。

我是个有着强烈荣誉感的人，也是个不断追求荣誉的人，到地方工作以来，先后多次获得多种荣誉。我知道，这些是军旅生涯中一座座荣誉高地的传承。感谢军旅！感谢军功！

小时候每逢过春节，在乡里工作的父亲都要给村里两户人家带回一张年画。我问父亲："凭啥年年给他们两家发，不给咱家发一张呢？"父亲说："他们是光荣人家！"我偷偷地跑去他们家看，一家门楣的左侧、一家中堂的中间都挂着一块长方形的红木牌，上边四方端正地用金水写着隶书字体的"光荣之家"。那时，我也懵懂地知道了，当兵或当过兵的人家就是"光荣之家"。12年后，我当兵了，22年的军中行旅，让我更清晰地认识到"光荣之家"是我一生中最大的一枚军功章。

下连之后，我听说基地有位战士报道员立了二等功。写文章还能立功？那我也写，当兵前我就发表过"豆腐块"。写完后，我就在报纸后端找地址寄出去。还真别说，个把月后，稿子见报了。营长、教导员表扬我，受了表扬的我，就更下劲地去写、去投。这时，我想到了立功，我就去打听立二等功的那位报道员。一听，人家一年发了182篇稿件。天啊，这比攻一座无名高地还要难。算了，不想立功的事了，写吧，我还是一篇篇地写、一篇篇地发。到年底，上级统计稿件，我数了数只有23篇，比不上立二等功那位报道员一年发稿数的尾巴。但我做梦也没有想到，就是这23篇稿子，我立功了，三等功！

拿到军功章，我跑到驻地一家照相馆，戴上它照了一张半身彩照，洗了4张五英寸的，一张寄给父亲，挂在了家里的相框里，一张寄给出嫁的姐姐，还给我暗恋着的一位女同学寄了一张，自己留了一张。我经常看着照片上别在胸前的那枚军功章。有了这枚军功章，我开始体味荣誉，暗自发誓，我要向更高的荣誉发起进攻。后来，我又立功了，共在部队荣立二等功1次、三等功7次、3次优秀士兵，事迹入选《火箭兵英模录》。我在军内外报刊发表作品1000余件，出版著作近20部。

2022年我再一次将笔头转向铁血军旅，创作了一部火箭军践行强军思想的现实题材长篇小说。众所周知，火箭军特殊的使命决定着特殊的地位，决定着无处不在的保密"雷区"。作为成长于火箭军的一名作家，如何才能在绝对保证军事机密的前提下，写一本关于当代火箭军强军的"科普"作品来回应国人的关切、坚定国防自信呢？这无疑又是一个高地，我不得不强攻而上。国防自信，是对"党对军队绝对领导"的高度自信，是对"四个自信"的高度自信，是对军队打胜仗的高度自信，是对国家安全的高度自信，是一个国人不可或缺的精神支柱和责任担当。我觉得责无旁贷。

《东风擘》问世后，好评如潮，相继获得省级金梆杆奖、"五个一工程"奖，影视转化也在进行……它是我的又一枚军功章，闪闪发光。

军功章是荣誉。荣誉是军人的精神高地，也是新时代每个有志中国人的精神高地。面对高地，我们一定要去攻打。

（2024年3月8日）

飞扬的战旗，写着清澈的爱

唐旭东

2024年春晚，军歌《决胜》展现了新时代官兵的崭新风貌和昂扬斗志，引发广泛关注。我作为一名有着30多年军龄的老兵，看完这个节目心潮起伏，砺兵往事一一浮现眼前。

1986年10月，一年一度的征兵工作拉开序幕。父亲对我说，去部队锻炼锻炼吧！

父亲是从广州军区空军地勤部队服役5年就地转业的优秀军人，我母亲病故时我们三兄弟年龄尚小，需要照顾，父亲调回湖南会同县公安系统工作。在日常生活中，父亲雷厉风行、大义凛然、敢于较真的作风，成为我少年生活的重要养分。我立志做一个像父亲一样有情怀、有爱心、有责任的人。

那年，我如愿走进第二炮兵某工程团。

20世纪80年代，工程部队艰苦的工作环境和生活条件众所皆知。我不断用一个朴素的道理要求自己：战友能吃的苦自己必须能吃，战友能坚持的工作自己必须坚持。我始终以先进战友为榜样，把全部身心献给大山深处的国防工程。当兵3年，我先后3次荣立三等功。每次喜报寄回家乡，当地政府敲锣打鼓送到我家，贴在大门最显眼处，从不表扬我的父亲也笑着说了一句："干得还不错。"

1990年9月，我考入解放军南京政治学院新闻系。入学不久，便参加了淮河抗洪——保卫京浦铁路，持续与洪水搏斗，接受近似实战的洗礼。学习期间，我勤奋学习新闻写作技能，30多篇稿件在《解放军报》和当地报刊发表。军校毕业前夕，有老师和战友劝我别再分配到大山深处的工程部队，想办法在大城市里找一个单位。我明白，我从大山深处走来，我还要回到大山里去。于是，背驮行囊，坚定地走向大山深处。

军校毕业后，我被分配到某工程技术总队，我国第一颗原子弹引爆的塔架就是他们的杰作。部队施工点位遍布大江南北，官兵常年与大山为伍，"扎根深山、默默奉献"成为历代安装兵工作生活的真实写照。我克服重重困难，深入每个施工点位，挖掘收集官兵的先进事迹，在《人民日报》《解放军报》等全国性新闻媒体上，推出全军廉政建设先进个人赵致栩、"国防施工技术标兵"孙金波等有影响力的先进典型。总队新闻报道工作年年被军种机关评为先进，我个人年年荣获一等奖。

经过总队新闻干事岗位3年多的锤炼，我加入某导弹基地，成为一名护卫大国长剑的导弹兵，本职工作还是从事新闻宣传。有道是，脚板底下出新闻。我深入各导弹旅、保障团队，对基地部队的先进经验进行广泛宣传，圆满完成98长江抗洪、第二炮兵训练会议、军委首长视察基地等重要报道。同时，我全力搞好新闻骨干传帮带工作，为基地培养了一支品质过硬、专业过硬的新闻人才队伍，部队宣传报道红红火火。

2000年年初，我有幸调入火箭兵报社成为一名编辑、记者，主编过《绿色年华》《战士与法》《国防工程》《装备建设》等专版，打造出"名家沙龙"等优秀栏目。在这个岗位上，我宣传了多个先进典型人物，采写的数十篇新闻在全军、军种评比中获奖。汶川特大地震发生后，我第一时间闻令而动，奋战45天，写稿200余篇，荣立三等功。

2017年9月，一纸退休命令为我火热的军旅生涯画上了句号。回想30多年的军旅人生，无不与军歌相伴，与强军砺剑的号角相随。战友们常说，军装是军人最好的皮肤，一旦穿上，便终身不离。正是如此，深入骨髓的爱国爱军情怀，与我的生命息息相关，无论何时，若有战召必回的打赢之心始终如一，热辣滚烫。

因为飞扬的战旗，写着清澈的爱！

（2024年3月13日）

队长叫"TNT"

李　玮

　　每个人的一生中，总会有那么几个人对自己的成长影响巨大。对我来说，初入军校时的中队长便是其中一个。

　　队长姓张，个儿不高，人长得黑瘦、干练。他当年也就是30岁左右吧，中尉军衔。但在我们这些初入军校的娃娃兵眼里，就是了不起的"大官"了。

　　按说，女生中队的队长应该配个温柔点的，但我们这个队长却是个"黑脸煞星"。第一次中队大会上，他做自我介绍，第一句话就是：我这个人有个外号，叫TNT。我们虽然是理科生，但一时没搞懂这个代号是啥玩意。他接着补充了一句：就是烈性炸药。这下，大家听明白了，今后要小心点，千万别点火。否则，让你死得难看。

　　也不知是不是存心的，反正，在军训的那两个月里，我们基本上没见他笑过，天天绷着一张黑瘦的脸，鹰钩鼻子冷峻的眼，他若盯谁看，谁准得哆嗦。

　　张队长的军事素质非常过硬，队列、枪械，都是一流水平；带队、会操，都颇有气势。管理也有一手，军训报数那一课，就把我们镇得服服帖帖的。

报数是队列的基本动作之一，要求声音短促洪亮，横队从右至左、纵队从前至后，依次进行。横队报数时，头要迅速有力地向左摆，报完的同时，头自动回正。

但就这么一个简单动作，我们训练了整整4个小时。主要问题是声音不够大、节奏不够快。声音小几乎是所有女生的通病，眼看纠正几次成效不大，队长直接换了方法，看谁声音小就叫谁出列站到他面前，让对着他的脸喊。叫出来两位同学后，全都会扯着嗓子喊了。声音是上来了，但节奏总是把握不准。后来，队长干脆站在队伍正前方，大喊"报数"的同时，用手依次往下指，要求报数的速度必须跟上他手指移动的速度。这样一来，速度节奏倒是上来了，但总有人因为紧张而报错。开始，大家都会哄堂大笑，队长也不制止，但他自己一直不笑。这样，大家也不敢笑了，愣是憋得肚子疼。

就这样，4个小时下来，我们完成了从学生到军人的初步过渡。从令行禁止到整齐划一，从拖沓散漫到严肃紧张。4个小时的升华，是我们多年以后才体会到的。在这之后，女生中队其余的训练项目，高效且顺利，队列比赛、实弹射击，轻松碾压3个男生中队。

这碾压是用汗水换来的。我们在吃苦流汗过程中，戒掉了女生天生的娇气。队长带着我们站队拉歌的时候和男生中队竞争，会操打靶的时候和男生中队竞争，就连打球拔河的时候，也敢打敢拼不服输。慢慢地，所有人的争胜心都被调动起来了，甚至忘记了自己是女生，忘记了男女的不同。

因为我们的努力，因为我们取得的成绩，"TNT"始终没有被点着。两个月的军训完成后，张队长就和我们分别了。分别前他一反常态，满面笑容地给我们作了唯一一次不是训话的告别演说。他说，"吃苦总是会有回报的""争第一不是虚荣，如果你能够争第一，为什么不争""不是你做不到，是你不能够战胜自己"。也正是有了那两个月的历练，我们奠定了良好的军事素质，树立了面对任何困难都能顽强拼搏永不退缩的坚强信念。后来的我们，无论在哪个工作岗位，面对困难没有退缩过，面对挫折没有趴下过。

"TNT"，谢谢你！我的人生导师。

（2024年3月14日）

挺起胸，睁圆眼，迎着风

欧阳辉

　　"挺起胸，睁圆眼，迎着风"，是一种乡愁，是久别之人对第二故乡的眷恋，对故人的怀念。儿时的身体野草般地疯长，家乡好像不曾有过严冬。那遮不住肚皮的单衣，罩不到脚踝的单裤，总伴随原野上的撒欢而起舞，滚烫的汗珠擦也擦不完，大口的粗气喘也喘不匀……

　　让我真正觉得寒冬的存在，那是在天津北郊新兵连的日子里。那时，每天100米蛙跳、100个蹲下起立、100个仰卧起坐、100个俯卧撑、100个原地高抬腿……那时的人生仿佛就是由这些100组成，没完没了。

　　一天站军姿训练，北风夹杂着雪花、沙子呼啦啦地响，打在人的脸上生疼生疼的。虽然背对着风，可我还是浑身直打哆嗦，感到刀割针扎似的冷痛。而瘦小的班长一直迎风站着，浑身上下却看不到一丁点儿畏冷的痕迹。他黑瘦黑瘦的脸庞还有点微红，微微上扬的嘴角透着自信。15分钟，20分钟……我冻得前胸和后背都快贴到一块儿了。正暗自思忖着，班长看出了我的心思，他一板一眼地对我说："你越怕冷就越冷，挺起胸，睁圆眼，迎着

· 166 ·

风吧！”我用疑惑的目光上下打量了一下班长，尝试着学他的样子——挺直胸，睁圆眼，风用劲我更用劲。说也真怪！一会儿，我感到一股暖流涌遍全身。

"你越怕冷就越冷，挺起胸，睁圆眼，迎着风吧！"这句话在后来的日子里一直响在耳旁，激励和鞭策着我。俗话说，"人生不如意事十有八九"。面对诸多不如意事，能否挺起胸、睁圆眼、迎着风，迎难而上、争当勇士呢？记忆像收线的风筝，历经一次放飞、体验和感悟后，缓缓归来，期待着再次高飞……

记得我第一次与报纸结缘还在念初中，那时班里有一张大家抢着学习的《语文报》。记不清是哪天，在该报中缝，我意外地发现一条征文启事，惊喜得速邮去5元报名费和稿件。两个月不到，文章果真见报，虽只是"萝卜条"，但还是把13岁的我激动得四处奔走相告。可同学们非说是花钱买来的有偿文章，刚蹦出的零星火花，被泼上一瓢冷水。现在想来，虽然对一个少年而言着实不公，但也正因此激发了我不服输的斗志。

时间转眼至1989年，我因缘与蒋悦老师相遇。蒋老师爱写稿、投稿，常有文章见诸报端。我的《湖心那个小岛》一文就是经他之手修改润色，最终见之于《岳阳晚报》的。吃一堑，长一智。面对老师的表扬、同学的赞许，我同样激动万分，但兴奋归兴奋，这次却变得乖巧些。何时才有一篇不经他人之手、完全出自个人的佳作见报呢？这是我当时最大的心愿，谁曾想，这一等就是10年！

1998年的春天，空军报寄来了汇款单，虽然又是"豆腐块"，仅20元稿费，但还是让我兴奋了好些天，这又一次燃起我写稿投稿的热情。此后的日子里，我参加了解放军报新闻函授学习班，写稿改稿，抄稿投稿，辛酸并快乐着，一篇篇稿件被"铅化"，被《解放军报》《解放军生活》等报刊发表。

缘起缘落，缘尽缘来。2004年深秋，空军地面部队演练多种兵、跨区域集火对抗打击，我奉命参与前指工作，主办《山丹花》战地报。白天，深入基层、用眼看，深入调查、用心想；晚上，进入角色、用笔写，真情实意地记下"最可爱的人"的点点滴滴，许多官兵为"山丹花"感动泣泪。如今忆起，他们之所以被打动，是因为写了他们的身边人、身边事；他们之所以喜欢这份"战地报"，是因为这份报纸"接地气"。

我是一个与报纸有缘的人，2010年从部队转业到地方，在同一天里，又被《人民日报》《光明日报》和《工人日报》相邀面试或签约。为此，我常想：20年、30年……人终究会老去，可我还会重复着这句话语和动作——"你越怕冷就越冷，挺起胸，睁圆眼，迎着风吧！"

（2024年3月22日）

佳作赏析

《长津湖》——冰雪中的中国红

章　颖

72年前，中国人民志愿军雄赳赳气昂昂跨过鸭绿江，这支钢少气多的部队，在冰天雪地中打败了所谓"联合国军"的飞机坦克，锻造了无数传奇。关于这些传奇，作为一名中国人，我们可能永远无法停止讲述的冲动。电影《长津湖》《长津湖之水门桥》《狙击手》就是这种讲述冲动最具象的展现，引人凝神注视这段高扬理想、充满激情的历史。

2021年9月25日，电影《长津湖》全国首映。时长接近3小时的战争史诗巨制影片，以气势恢宏的笔调全景式呈现了对于抗美援朝胜利具有奠基意义的长津湖战役，受到广泛好评，并形成现象级的传播，刷新了中国影史30多项纪录，票房高达57.75亿元，成为中国影史票房冠军。2022年春节档，《长津湖之水门桥》《狙击手》接踵公映，继续奏响气壮山河的英雄赞歌，给予抗美援朝精神丰富、立体、生动的阐释，为我们赓续爱国情、强国志、报国行提供了强大的精神动力。

抗美援朝精神是祖国和人民的利益高于一切、为了祖国和民族的尊严而奋不顾身的爱国主义精神。电影《长津湖》《长津湖之水门桥》中，家国形象和爱国主义精神无处不在。这种精神最初只是朴素的爱家爱国之情。伍万里参军的理由是：政府给家里分了田地，美国想要拿走，不愿意。有一首歌唱得好，"家是最小国，国是千万家"。个人捍卫自家土地的决心，叠加升华成为国家捍卫主权的坚强意志。捍卫祖国，就是在捍卫每个人的小家，捍卫每个人的权利。朴素的爱家爱国之情凝聚，形成了强大的战斗精神。在去往朝鲜的列车打开的车厢门外，巍峨的群山和万里长城扑入喧哗驿动的第七连战士眼帘，战士们瞬间陷入了集体的静穆，那是被祖国大好河山的壮美震撼了，爱国主义情感在静穆中激荡，化成了他们在战场上奋勇向前的原初动力。这种动力驱使着这些或年轻或年长的战士在战场上驰骋，并最终升华成为祖国和民族的尊严而奋不顾身的爱国主义精神。"祖国和人民的利益高于一切"从来不是一句空话，它关系着祖国的每一寸土地，关系着生活在这片土地上的每一个鲜活的人。

抗美援朝精神是英勇顽强、舍生忘死的革命英雄主义精神。《长津湖》中，谈子为被称为"打不死的英雄"。他带着"巴祖卡"爬上山坡对准俯冲而下的敌机，把自己暴露在敌机的视野中，凭借英勇无畏的精神、强大的应变能力、行云流水的熟练操作，一发击中机翼，创造了传奇。谈子为这个人物的原型，在抗美援朝战争中真实存在，但英雄绝不只有这一个，七连的名录本上，那些牺牲的名字，都应该被铭记，谈子为只是其中的一个代表。影片中，谈子为是伍千里的兄弟，是伍万里的人生导师和偶像，是千千万万敢于斗争、善于斗争、英勇顽强、舍生忘死的志愿军英雄的代表。他曾对伍万里说："没有冻不死的英雄，更没有打不死的英雄，只有军人的荣耀！"在《长津湖之水门桥》中，谈子为在炸桥任务中被爆炸崩出来的石子击穿小腹，等战士拿回情报，坚持部署完战术后光荣牺牲。是的，英雄也是肉体凡胎，是不朽的革命英雄主义精神贯注其中，铸就了坚不可摧的意志和战无不胜的信心，铸就了军人的荣耀。

抗美援朝精神是不畏艰难困苦、始终保持高昂士气的革命乐观主义精神。抗美援朝战争的艰苦，在《长津湖》里是通过鲜明的对比展现的。一穷二白、装备落后的英雄尖刀连七连对阵美军大名鼎鼎的"北极熊团"：敌人有着绝对的制空权，我们的志愿军却连像样的炮都没有，主要靠从敌人的手中抢夺；敌人在感恩节大鱼大肉、战场上还喝着热咖啡，我们的志愿军战士仅有的食粮却是冻得能崩掉牙的土豆，并且就连这样的食物也不能充足供应。据战后统计，九兵团在长津湖战役中冻伤28954人，冻死4000余人，加之极寒天气下武器装备常常难以使用，弹药补给也跟不上，战斗力受到极大影响。就是在这样的条件下，志愿军还是怀着必胜的信念，不畏艰苦，勇敢向前，最终全歼"北极熊团"。什么支撑了他们？正是革命乐观主义精神。影片中，伍千里在战斗间隙规划着战后的生活，雷公也总是愉快地回应着他的规划。即使在残酷的环境中，这些"最可爱的人"也没有放弃希望。所谓"钢少气多"，这"气"正是革命乐观主义的精神气。七连战友之间的兄弟情、对国家对人民的信心、对未来的憧憬和希望凝成了这个英雄连队坚如磐石的战斗精神。这种精神，就是水门桥之战后，飘扬在战地上的那抹中国红，是国旗的颜色，也是希望的亮色。

抗美援朝精神是为完成祖国和人民赋予的使命、慷慨奉献自己一切的革命忠诚精神。《长津湖》中最震撼人心的一幕，也是抗美援朝战争中最震撼人心的一幕，是一排排志愿军战士俯卧在零下40摄氏度的阵地上，被冻成了冰雕，却仍手握钢枪、手榴弹，保持着整齐的战斗队形和战斗姿态……他们身上这不辱使命的坚定信念、献身祖国的赤胆忠心，无不是民族风骨、民族力量、民族血性在战争中的结晶，无不是中华民族的革命忠诚精神在抗美援朝战争中的锤炼和升华！为完成祖国和人民赋予的使命，他们慷慨奉献了自己的一切，包括宝贵的生命。战士们如此，领袖们又何尝不是？毛主席亲自把儿子送上朝鲜战场，让他隐姓埋名。直至牺牲，战友们都不知道毛岸英的真实身份。儿子牺牲的消息传来，毛主席也只是一个忍受白发人送黑发人痛楚的普通父亲。七连的指导员梅生说："我们打这一仗，是为了我们的下一代不打仗。"是先辈们的牺牲和革命忠诚精神换来了我们今天的和平。和平，来之不易。

抗美援朝精神是为了人类和平与正义事业而奋斗的国际主义精神。影片中表现了1950年国家领导人对于"要不要出兵朝鲜"的深思熟虑。毛主席雪夜焦灼徘徊，是因为决定不易。当时新中国刚刚成立，一穷二白，百废待兴，国内有人对派兵出国与以美国为首的多国部队作战也不理解。但是，从地缘政治的视角看，朝鲜与中国山水相连，唇亡齿寒，美国兵临城下，我国国家安全必受威胁。美军仁川登陆后，战火更是烧至鸭绿江边。"打得一拳开，免得百拳来。"以"中国人民志愿军"名义出兵，既为援助朝鲜，也是保家卫国。抗美援朝战争是为了人类和平而奋斗的正义之战，是中国共产党和人民军队为了捍卫祖国和兄弟国家的主权亮出的铮铮铁骨，是为了捍卫来之不易的和平而反抗强权的民族风骨。战争结局是和平正义的国际主义精神的胜利。

（2022年第5期）

《百年大党面对面》

——讲透、讲实、讲活、讲美

李　倩

　　孟夏之约，如期而至。中宣部理论局组织撰写的2022年精品力作《百年大党面对面》，坚持以习近平新时代中国特色社会主义思想为指导，深度聚焦并形象解读中国共产党百年奋斗的重大成就和历史经验，博而得其要，简而周于事，讲"透"了理论，讲"实"了成就，讲"活"了经验，讲"美"了语言，一经推出便好评如潮，成为广大读者对标自我、提升修养的"枕边书"。

　　讲透了理论。每个时代都应有自己的理论，指导该时代的行动与实践。影响深远的理论经典往往具有深厚的现实性和广泛的适用性，不仅闪耀真理的光芒，更是高度凝练的抽象表达，理论要想飞人寻常百姓家，必须讲透彻。该书使读者能够在透彻的理论分析中深刻体悟中国共产党究竟为什么能。

　　该书坚持系统思维。从"新的飞跃、新的升华""系统构建、全面展开""理论指导、行动指南"三个角度铺陈而论，实现了理论逻辑、历史逻辑和实践逻辑的辩证统一。

　　该书善于抓住本质。一百年来，中国共产党团结带领中国人民进行的一切奋斗、牺牲、创造，归结起来就是一个主题：实现中华民族伟大复兴。该书以12万字的篇幅，锚定民族复兴这个世纪发展的必然逻辑和全部奋斗的鲜明主题，在回应现实之问的过程中对"中国共产党为什么能"做出了全方位、立体化、多角度的深邃阐发，生动展示了中国共产党百年奋进的辉煌历史，深刻回答了为什么说"两个确立"具有决定性意义。

该书坚持问题导向。论从史出，史论结合，至简而详，至约而博，深刻阐释党领导人民逐梦复兴的客观规律，贯穿着对"我是谁""从哪里来""到哪里去"等基本问题的考察。在回应时代之问、人民之问、实践之问的过程中，创新了理论表达，展示了真理伟力。

讲实了成就。习近平总书记强调，要"增强文稿的说服力和逻辑性"，关键在于把内容讲扎实。党的十九届六中全会擘画宏伟蓝图，成就恢宏史诗，从13个方面总结了新时代党和国家事业取得的成就。该书通过发自肺腑的感慨、身临其境的感受、古今中外的对比，将党的百年奋斗重大成就写"实"，读者更觉可感可信可敬。

"观今宜鉴古，无古不成今"，历史是对人类社会过往事件的记录和诠释。中国人民从身处"覆屋之下、漏舟之中、薪火之上"，历经百年奋斗抗争，终于迎来了前途命运的重大转变。进入新时代，中国共产党以伟大的历史主动精神、巨大的政治勇气、强烈的责任担当，推动党和国家事业取得历史性成就、发生历史性变革。

该书致力于"面""点""实"相结合，将实践讲实。党的十八大以来全"面"深化改革，先后出台2000多项举措，推动改革全面发力；直击矛盾集中要"点"，触及利益固化本质，解决了多年来积重难返的"老大难"问题；研究落"实"，以抓铁有痕、踏石留印的韧劲，将改革进行到底。

横纵比照间努力将突破性进展讲扎实。中外横比，中国实现了诸多领域的延续性累加与跳跃式提升。历史纵比，国内生产总值突破百万亿元大关，综合国力大幅跃升；全国居民人均可支配收入增至35128元，居民恩格尔系数降至29.8%，中等收入群体规模达到4亿人，人民生活水平稳步提升；盛大庆典礼序乾坤，国际盛会展示神韵，民族自信空前增强；重大理念诠释中国主张，重大活动展示中国风采，重大平台彰显中国贡献，大国外交阔步向前。

讲活了经验。理论的生命力在于理解和实践，在以理服人的同时，应增强情感的吸引力。党的十九届六中全会所概括提炼的十条重大历史经验系统完整且相互贯通，该书着眼于受众的生活状态和情感需求，用易于被党员干部理解和接纳的方式，立体化、多维度、富生机地把经验讲"活"。

该书紧紧围绕党的百年奋斗史，在对13个重大理论问题进行阐释的过程中，始终扣住实现中华民族伟大复兴这一鲜明主题，聚焦奋斗百年的经验总结，提炼了过去我们为什么能够成功、未来我们怎样才能继续成功的价值规律，是引领事业成功的"定海神针"、立于不败之地的"不二法门"、掌握历史主动的"成功密道"、走在时代前列的"独门秘籍"。

习近平总书记强调行文应体现群众意愿，让群众愿意看、看得懂，愿意听、听得进。该书延续了"理论热点面对面"系列的特点，缘事说理、论从史出，通过表述方式的创新使经验总结变得亲和有趣。以大众喜闻乐见的方式阐释深刻的政治命题和哲学命题，笔触携情，涓涓流淌，澎湃奔涌，动人心魄。

该书图文并茂、生动鲜活，运用精彩的文字论述把经验讲活，深刻把握理论逻辑、历史逻辑、实践逻辑。通过设置"深度阅读""数说决议""党史一页""知识通鉴""史海钩沉""今日史记"等栏目，从事实讲起、从数字讲起、从故事讲起，用新时代火热实践中的大量事实、权威数据、典型场景与故事，将理论转化为可感的生动现实，起到画龙点睛的作用。

讲美了语言。文质并重才能创作出优秀的理论作品。该书文风活泼，气韵悠长，在党史的深邃隽永与受众的切身利益互动中，拉近大事件与众读者的距离。

善用修辞手法。运用比喻手法，将《中国共产党第一个纲领》喻为中国共产党的"出生证"；将《决议》比作推动马克思主义中国化的"实践论"、指引中华民族伟大复兴的"真经"；将习近平新时代中国特色社会主义思想喻为"指南针""北斗星""金钥匙"。运用对仗手法，行文工整，读来朗朗上口。

引用诗词骈赋。该书用典挥洒自如，"其作始也简，其将毕也必巨""如月之恒，如日之升""红旗漫卷过大关""直挂云帆济沧海""九天阊阖开宫殿，万国衣冠拜冕旒"等，读来酣畅淋漓，回味绵长。

运用史诗言语。本书以跨越百年的历史长镜，全过程回溯党领导人民在各个时期的主要任务和历史进程，语言表述雄健浑厚、开阔疏朗，兼具岁月积淀的厚重感与时代变迁的跃动感。回答中国共产党何以饱经沧桑依然朝气蓬勃，用"在于党能够穿过历史风云的迷雾，深刻洞察时代发展的大趋势，沿着正确的方向坚定前行"彰显新时代的大国担当，讲"置身百年风云中擘画中华民族复兴大业，深入浩瀚文脉里挖掘时代精神养分，站在世界版图前思考人类命运走向"。

泱泱华夏，浮沉千年，凝望历史，思索今朝。人民群众是历史的创造者，是历史律动的感受者，是时代脉搏的触摸者，更是伟大时代的见证者与参与者，要用好《百年大党面对面》这本"枕边书"，按图索骥、强志增智，乘着时代的风云，以微毫诠释盛大，在新征程上迎接更加伟大的辉煌！

（2022年第7期）

《人世间》：改革开放精神的时代画卷

曾丽红

电视剧《人世间》是一部描摹中国底层社会家庭变迁的生活史诗，折射出普通中国家庭的亲情、爱情与友情基色，以及改革开放给中国社会带来的深刻变革与巨大变迁。该剧是一部富有浓郁生活质感的温情年代剧，自播出以来，收视率突破央视五年收视纪录，收获的五星好评数不胜数。该剧描绘了新中国成立初期到改革开放时期的社会生活画卷，歌颂了中国人民团结向上、创新求变的时代精神，唤醒了人们内心深处对于改革开放那段特殊时期珍藏的集体记忆和原发的情感。全剧呈现出一种糅合代际差异的情感溢出与涨破效应，不但书写了几代人的平民生活史诗，而且讴歌了伟大的改革开放精神，不同代际的人们都能从中找到情感的生发点进而引起共鸣。作为庆祝改革开放40周年的经典电视剧目，该剧以小切口、大背景的代际跨越视野，映射出改革开放伟大时代背景的历史缩影。这部剧不仅是在向40年来为中国改革开放事业添砖加瓦的人物致敬，也是在致敬中华民族生生不息而又奋斗自强的独立创新精神，更是在向我们徐徐展开一幅改革开放精神与亲情、爱情、友情等多元情感交汇的时代画卷。

质朴醇厚的亲情映射着解放思想、实事求是的改革开放精神

在电视剧《人世间》中，质朴醇厚的亲情汩汩流淌，无处不在。父子（女）之情、母子（女）之情、兄弟（妹）之情……氤氲氲氲，扑面而来，这些朴素的原生情感最终汇聚成为浇灌解放思想与实事求是的改革开放之花的涓涓细流。该剧将平凡家庭成员的命运沉浮放置到伟大改革开放时代的大背景下予以呈现与审视，而亲情是其中亘古不变而又浓墨重彩的情感基调。诚然，父爱坚如磐石、沉稳内敛，母爱柔情似水、浸润万物，血浓于水源于水，血脉亲情割舍不断。尽管在时代潮流的冲击下，周家父子兄妹走上了截然不同的人生道路，但他们各自艰难探索，把苦难的日子过得一路生花，最终成就多彩人生。在原生家庭中，无论曾经的争吵与伤害多么地决绝和令人心痛，但父母最终都会原谅孩子们的各种出格行为。尽管周父不能原谅为自由爱情而离家出走的女儿，但他仍然不远千里来到贵州深山探访爱女和尚未谋面的女婿。正如周父所说："你可以不要我这个父亲，但我不能不要你这个女儿。"一方面，父母放手让儿女们外出拼搏闯荡，成就人生；另一方面，无论身处何时何地儿女们都是父母心底永远的牵挂，唯有"宽宥"才是治愈亲情的最佳良药。该剧在一"放"一"收"之间自然演绎，这种朴素的亲情观暗合了伟大的解放思想与实

事求是的精神。

清新萌动的爱情映射着开拓创新、勇于担当的改革开放精神

　　爱情是人类永恒的话题，它是神圣纯洁而又不可侵犯的。任何时代的爱情都狂热而迷恋、凄美而甜蜜，都是值得书写与怀念的，周家三兄妹的爱情自然也不例外。寒门学子与高干子女地位差异的悬殊，让大哥周秉义与大嫂郝冬梅的爱情从一开始就一波三折，然而他们的爱情却是建立在相互理解与相互尊重、彼此信任基础之上的挚诚之爱。二姐周蓉和二姐夫冯化成的爱情，则是弥散着理想主义、浪漫主义与狂热崇拜的阳春白雪之爱恋。三弟周秉昆与三弟媳郑娟的爱情则是从凡常琐事的善良和同情升华为相濡以沫的连理之情。爱情在生活中慢慢晕染，在呼吸间自然发散，情义无价。这样的爱情朴实到时光冉冉却岁月无痕，却始终与命运和骨肉相连，这是爱情的独特魅力，也是人性的原初真实。爱情能够让人们超越功利、超越对现实的思考，能够让人们的灵魂得到净化升华进而追求更加完美超拔的人生。因此，周家三兄妹最初萌动的爱情白璧无瑕、超越名利，正如人世间最浪漫的事情就是与你一起慢慢变老。执子之手，与子偕老，这种不悔的爱情观映射着开拓创新、勇于担当的精神。

温馨纯真的友情映射着开放包容、兼容并蓄的改革开放精神

因缘际会的友情，无论是贫贱还是富贵，都是人生路上的意外惊喜，也是上天赐予的珍贵礼物，友情是电视剧《人世间》情感底色上亮丽的跳色。令人唏嘘的"六君子"身世沉浮，既彰显出朋友情谊的浩荡滥觞，也让人感慨世事难料以及命运的变化无常。在那个物质条件极其匮乏的特殊年代，"六君子"的情谊堪称无价，有事招呼一声，大家互帮互助。一起分猪肉、一起盖房子、一起找工作、一起照顾家人，周秉昆甚至还把自家的住房无偿借给朋友居住……在熟人社会的运行规则中，"君子交于义"的文化根基幻化生成了各种强弱连接与行为动机。该剧纯洁的友情令人动容，周母李素华生病，"六君子"不约而同地来到周家，买煤卸煤，干这干那；每次大年初三的固定聚会，更是友情的仪式化呈现与展演。时过境迁，当初的情谊也会被残酷的现实碾压得面目全非、脆弱不堪：这些人当中有人考上大学当了官，有人乘改革开放春风先富起来，也有人仍然在艰难地打零工度日……距离的拉开、地位的悬殊、思考问题角度的错位，或多或少都给曾经纯洁无瑕的友情涂抹上一层功利色彩。但无论是否明知不可为而为之，这些人物各自带着性格的弧光，都体现出改革开放时代发展的辩证逻辑，同样具备审美意义与思考价值。这些人物在历史洪流裹挟下或随波逐流或清醒自持，但无疑都在为自己、为家庭，也为整个城市和国家拼搏向前。他们身上所具备的善良坚

韧、积极乐观的优秀品质，不仅是千百年来中华民族最宝贵的精神财富，也是人类不断进步发展、追求美好生活愿景最坚实的根基。唯有真诚相待、同甘共苦的友情，才能历久弥坚、无往不胜，而这种超拔的友情观正映射出开放包容、兼容并蓄的精神。

（2022年第9期）

《征程》——新时代奋斗者的大美华章

彭维锋

人民创造历史，劳动开创未来，信仰铸就伟业，奋斗成就梦想。中央广播电视总台联合中央党史和文献研究院创作的大型纪录片《征程》，通过40多个普通劳动者的奋斗故事，以小切口呈现大主题，以小故事折射大时代，用生动的叙事、细腻的笔触、精彩的瞬间、感人的细节、标志性的成果，总体性呈现新时代伟大变革和非凡成就，立体化雕镂新时代劳动者、奋斗者、追梦者群像，讴歌了中国精神、中国智慧、中国力量，展现了新时代奋斗者胸怀梦想再出发、万水千山只等闲的奋斗精神，到中流击水、舍我其谁的奋斗姿态，身怀知识技能、创新创造的奋斗本领，与大道同行、担当奉献的奋斗胸襟，实现了政治性、思想性、时代性、艺术性的有机统一，是礼赞新时代奋斗者的大美华章。

凸显理想的高度和厚度。 "追梦路上，到中流击水，舍我其谁！"《征程》中的每个劳动者都是胸怀梦想的奋斗者，都是奋力奔跑的追梦人。为了"这一辈子能做一件完美的事情"，热合曼·吾甫尔第一个报名担任皮勒村第一书记，通过发展庭院经济、强化技能培训，带领这个偏远的村庄摆脱深度贫困；测绘队员武光伟、薛强强、任秀波将爱国的情怀融入祖国的测绘事业，一次又一次挑战生理和心理的极限，用汗水、智慧乃至生命丈量祖国的大好河山；乡村医生谭晓琴放弃留在大城市工作的机会，毅然回到家乡、坚守边地高原，守护乡亲们的生命与健康……还有黄大发、张桂梅、张定宇等，正是以他们为代表的新时代奋斗者，与祖国同成长、与时代齐奋进，立足本职、胸怀全局，勤勉工作、锐意进取，自觉把人生理想融入国家富强、民族复兴的伟业之中，把个人梦与中国梦紧密联系在一起，将理想信念转化为崇尚劳动、热爱劳动、辛勤劳动、诚实劳动、创造性劳动的不竭动力，成为不忘初心、牢记使命、踔厉奋发、笃行不怠的奋斗征程上的生力军。

展现历史的深度和广度。《征程》聚焦新时代取得历史性成就、发生历史性变革的时空场域，讲述发生在典型人物身边的故事，典型人物覆盖了不同民族、不同地域、不同职业、不同年龄、不同性别的劳动者群体，故事内容涉及脱贫攻坚、乡村振兴、抗击疫情、国家安全、强军兴军、大国重器、民主法治、生态治理、创新创业、数字赋能、文物保护、"一带一路"、全球气候治理等各个方面，记录了新时代党领导全国各族人民创造的辉煌成就和伟大奇迹。故事在中华民族从站起来、富起来到强起来的时间线中，发掘新时代的重大意义。故事中的典型人物，既有设计大国重器的工程师、保障粮食安全的育种专家、在南海开采油气的科学家，也有练兵备战的陆海空官兵、帕米尔高原上的驻村干部、北大荒的农机技术员、走向深海的勘探工人，还有政府集采谈判代表、守护家乡一泓碧波的护渔员、在内地创业的港澳台青年、用数字化创新传承敦煌艺术的守望者……在这里，厚重的历史被赋予鲜活的形态，奋斗的个体被融入时间的长河，劳动的故事被置于复兴的坐标，谱写了一曲曲慷慨激昂、催人奋进的奋斗者之歌。

彰显精神的强度和气度。《征程》忠实记录了新时代人民群众的精神气质，充分彰显了新时代劳动者"有理想守信念、懂知识会创新、敢担当讲奉献"的精神风貌。历时五年，黄领才拿出"鲲龙"AG600的完整设计方案；经过成千上万次的实验和测算，曾华荣发现了给电线加温的规律，精准掌握了覆冰融化的合适温度；通过500多项仿真分析、5200多项地面试验、2300多项线路实验，梁建英圆满完成复兴号设计的全部流程；一年主持了上万次设备测试，用三年半的时间，张连刚带领团队打破外国的技术垄断，自主建设青岛港全自动化码头，并九次刷新装卸效率世界纪录；经过八轮谈判、一个半小时的"灵魂砍价"，张劲妮将每针诺西那生钠注射液价格从70万元降至3.3万元；为了保护好人民群众的钱袋子，民警王佳与电信网络诈骗犯始终在"赛跑"；为了锻造全时待战、随时能战的人民军队，"功臣号"坦克连、东部战区海军潜艇某支队、空军航空兵某旅飞行一大队的指战员，时时刻刻将自己摆进战场，不断破解未来信息化战争的制胜密码……他们充分彰显了劳动精神、工匠精神、脱贫攻坚精神、抗疫精神、科学家精神、企业家精神的强度和气度。

呈现叙事的温度和力度。《征程》遵循并践行"以人民为中心"的创作导向和"文艺为人民而歌"的创作立场，与时代贴近、与人民同行、与真实同向，叙事视角更多元，叙述语调更平和，注重用普通人的共情来打动人心，呈现和建构起新时代丰富充盈的人民情感和积极向上的价值理念，传达出影视艺术应有的人文关怀和美学追求。《征程》观照当下广大群众特别是青少年审美体验方式及趣味的变化，定位人物特征、筛选人物故事、塑造人物性格，紧扣时代脉搏、遵循叙事逻辑、强化情感渗透，呈现他们"在平凡的岗位上创造了不平凡业绩"的奋斗历程，反映真实的人物心理和鲜活的人物情感，让人物及其故事更加接地气、有生气、聚人气。《征程》中的主角既有踌躇满志、果敢担当，也有酸甜苦辣、苦乐悲欢；既有义无反顾、全力以赴，也有犹豫彷徨、忧惧苦闷。立体丰富的人物形象，拉近了故事主角与观众的距离，填平了典型人物与普通人之间的鸿沟，推动观众不断思考、挖掘故事背后的意义，不断追问、探究叙事潜在的逻辑，同时，也叠加和放大了人物及其故事的传播效果，使观众在接受传播内容的同时，潜移默化地受到精神熏陶，同频共振、价值共生，达到强化共识和激发情感的传播效果。

　　《征程》的创作实践，是主流媒体积极探索立足中国特色社会主义新时代，讲好劳动故事、讲好奋斗故事、讲好追梦故事、讲好中国故事，向世界展示真实、立体、全面的中国的成功案例。

（2022年第11期）

《领航》——凝聚奋进力量的史诗巨制

汤荣光　许希言

　　党的二十大胜利召开之际，中宣部联合中央党史和文献研究院、国家发展改革委、国家广播电视总局、中央广播电视总台、中央军委政治工作部等单位共同摄制的16集大型电视专题片《领航》热播。该片坚持以习近平新时代中国特色社会主义思想为指导，聚焦新时代党和人民团结奋斗的壮阔历程，全景式展现党的十八大以来党和国家事业取得的历史性成就、发生的历史性变革，立体式呈现新时代人民群众的幸福生活和精神风貌，主题鲜明、立意高远，画面壮美、大气磅礴，场景鲜活、感人肺腑，堪称承载伟大变革、表达人民心声、凝聚奋进力量的史诗巨制。

　　思想引领，彰显自信自强的磅礴气势。《领航》始终贯穿"人民对美好生活的向往，就是我们的奋斗目标"主线，从四个层面精彩铺陈。第一集《掌舵远航》和第二集《科学指南》高屋建瓴，深刻阐明"两个确立"的决定性意义。第三集《逐梦先锋》聚焦"主心骨"，显现"头雁效应"，形象化表达坚持党的全面领导与坚持和发展中国特色社会主义的内在逻辑关系。第四集《发展变革》至第十五集《自我革命》聚焦党和国家事业发展的重大战略部署，生动呈现党带领人民撸起袖子加油干、风雨无阻向前行的时代风采。第十六集《踔厉奋发》赓续弘扬伟大建党精神，鼓舞干部群众意气风发踏上实现第二个百年奋斗目标新的赶考之路。整部专题片，习近平总书记金句点题立意，自信自强意蕴雄浑深厚。例如，"改革不停顿，开放不止步"，彰显以习近平同志为核心的党中央全面深化改革的坚定信心和决心，统领第五集《改革攻坚》的叙事脉络；"民之所忧，我必念之；民之所盼，我必行之"，诠释将人民对美好生活的向往转变为现实的身体力行，国之大者在人民，展现第九集《美好生活》的价值旨归；"构建人类命运共同体，实现共赢共享"，阐释中国方案、贡献中国智慧，尽显第十四集《胸怀天下》的情怀。

视野宏阔，赓续守正创新的精神品格。《领航》精彩展现党总揽全局、协调各方的领导核心作用：在经济建设中，习近平总书记在陕北考察期间，留下的"五级书记"共抓脱贫攻坚的照片传递出全党一致、上下同心，凸显了中国共产党强大组织体系的凝聚力和战斗力；在政治建设中，坚定加强基层党组织建设，像朱文虎一样的千千万万个第一书记扑下身子，与人民群众干在一起，确保党中央决策部署在基层落地见效，确保党的组织体系上下贯通执行有力；在文化建设中，"清朗"系列专项行动发挥专项治理功能，持续推进"净网""剑网"等一系列专项整治，网络空间日渐清朗，汇聚起实现中华民族伟大复兴的精神力量；在社会建设中，面对突如其来的新冠疫情，习近平总书记果断决策，亲自指挥、亲自部署，坚决打赢疫情防控人民战争总体战阻击战，党政军民学总动员，东西南北中齐发动，统筹疫情防控和经济社会发展取得重大积极成果；在生态文明建设中，习近平同志在福建工作期间曾先后五次赴长汀调研，努力推动长汀水土流失治理工作，前瞻性地提出生态省建设的构想，经过十多年治理攻坚，如今的长汀山清水秀、满目苍翠，成为中国乃至世界生态修复实践的成功范例。《领航》采用政论情怀与故事表达相融汇的创作技巧，宏大叙事与微观细描相结合的艺术手法，选用真实感人的故事拉近与观者的距离，给以强烈的代入感、现实感和共鸣感，生动刻画党和国家事业坚持守正创新的时代风貌。

导向鲜明，展现踔厉奋发的实践伟力。《领航》以画面记载历史，用情景诠释理论，极富感染力的画外音，透射出党和人民踔厉奋发的精气神。第五集《改革攻坚》，反映持续推进国家医保谈判，多种全球知名"贵族药"最终谈成了"平民价"，河北衡水的仔仔成为河北省第一个用上降价药的患儿。第九集《美好生活》，讲述大力推进义务教育均衡发展和城乡一体化，从"有学上"到"上好学"，教育实现了新跨越，贵州六盘水小学书声朗朗，孩子们吃上了营养餐，"云课堂"实现优质教育资源城乡共享。第十一集《强军之路》，既有"清澈的爱，只为中国"的深情告白，又有"大好河山，寸土不让"的忠诚宣告，更有"宁可向前十步死，绝不后退半步生"的铿锵誓言，昭示人民军队永远跟党走、全心全意为人民服务的炽热情怀。第十二集《安邦基石》，镜头转向北部边陲的建三江垦区现代化大农业，"慧"种田尽显大国"粮"策，表达把14亿多中国人的饭碗牢牢端在中国人自己手中的决心。第十三集《一国两制》，展现曾经"蕉林绿野、农庄寥落"的横琴岛，大道纵横、高楼林立，昔日"荒野滩涂、一无所有"的前海，车水马龙、满眼繁华，这一切强有力支撑粤港澳大湾区发展，世界级城市群构想蓝图迈向现实。

情景再现，镌刻勇毅前行的奋斗群像。《领航》情景交融，寓情于理。丰富翔实的影像图片，赋予历史镜头"二次生命"，记录着党和人民勇毅前行的步伐，实现了宏大叙事与感性表达的有机衔接。从社会主义现代化和中华民族伟大复兴的光明前景，到擘画高质量发展蓝图；从全面深化改革、全面从严治党、全面依法治国系列专题会议研讨，到组织机构精简健全、制度法规落地生效、党员干部履职尽责；从浙江安吉推动竹林碳汇改革，一竿翠竹撑起转型发展的绿色之路，因竹而美、因竹而富的绿色画卷徐徐展开，到张北坝上草原的大风由梦魇变能源，"绿色风光"点亮冬奥之灯；从朱海峰团队与树对话解码冰川运动之奥秘、张挺团队翻越峻岭高峰守护种子安全，到白鹤滩水电站投产发电，解决关键核心技术"卡脖子"难题；从饱含民生情怀、开进百姓心窝的"慢火车"到饱蘸祖国情、浇灌同胞心的一江清水；从无数个"孙忠娜"得以在城市落户扎根到海外撤侨始终以百姓心为心；从大国工匠、时代楷模彰显榜样力量到抗击新冠疫情、打赢脱贫攻坚战、基层治理中的无数普通志愿者，志愿精神散发出温暖而自信的光……整部专题片打开了一幅幅历史图谱，集中展现新时代十年的理论创新、实践突破，真实呈现经济快速发展和社会长期稳定两大奇迹，生动绘就勇毅前行的奋斗者群像。

影像蕴藏变革之巨，观影品悟思想之美。《领航》催人奋进，视听感受强烈，以集体记忆梳理历史画卷，以百姓之口讲述感人故事，以媒介融合扩大传播效应，彰显理论之高、思想之深、情感之厚，迸发出“请党放心、强国有我”时代强音，凝聚起自信自强、守正创新、踔厉奋发、勇毅前行的精神力量。

（2022年第12期）

《功勋》：匠心凝聚铸魂力作

陈　扬

八位演员风华正茂身着剧装逐一快步向观众走来，随特效幻化，时光飞逝，年轻的步伐变得缓慢，面庞、身形渐趋衰老，最终化为耄耋之年的八位功勋人物真实形象，每个人8秒钟，短短十余步，仿佛走过了他们的一生……这是48集电视剧《功勋》片头核心部分，64秒的镜头，因无法获取实拍素材，只能依靠特效实现，成为全剧创意实现的难点，被视为对中国电视剧制作能力的一次技术摸高。从高清图片建模开始，主创团队引领技术人员用了9个多月的时间，眉毛眼睛一点点抠，头发一根根做，眼角纹路太少、脸上黑斑太多、头发太浓密、表情欠生动都是不断修改的理由，直到开播前十几天，技术人员还在"开眼角"。正是这样精细打磨的匠心之作，打动了观众，让视频用户关闭了跳片头的功能，在经典交响曲《红旗颂》乐声中一遍遍注目、品味……

日前，中共中央宣传部对第十六届精神文明建设"五个一工程"优秀作品进行表彰，2019年6月1日至2022年5月31日首次播映、上演、出版的97部作品（12部"特别奖"、85部"优秀奖"）

从全国报送的750余部作品中脱颖而出，充分反映了近三年来精神文化产品创作的丰硕成果。重大主题电视剧《功勋》以创作模式新颖、艺术品质上乘、社会效益显著跻身"特别奖"行列。

2019年9月29日，国家勋章和国家荣誉称号颁授仪式隆重举行，国家主席习近平向于敏、申纪兰、孙家栋、李延年、张富清、袁隆平、黄旭华、屠呦呦颁授了"共和国勋章"。颁授仪式后，在党和国家功勋荣誉表彰工作委员会办公室、中宣部精心指导下，国家广电总局确定了《功勋》这一选题，得到中央军委政治工作部、国防科工局、国家卫健委及相关省、市委宣传部的大力支持，在高位协调、优化机制、协同攻关中发挥"全国一盘棋，集中力量办大事"的优势，选题论证、推进协调、创作策划、剧本审读、完成片审看及宣传协调有序展开。主创团队带领2600多位演职人员，历时近两年，合力打造出一部为民族铸魂的精品力作。《功勋》作为"理想照耀中国——庆祝中国共产党成立百年"展播活动重点剧目，2021年9月26日在东方、北京、江苏、浙江四家卫视黄金档首播，同步在优酷、爱奇艺、腾讯视频上线。一年多来，该剧凭借平实的叙事风格、克制的情感表达、精良的视觉呈现，带动了观众对功勋人物的关注与致敬。电视剧《功勋》播出期间，同步播出的还有反映该剧每个单元拍摄过程和创作人员体悟的8集纪录片《〈功勋〉真实拍摄纪实》，使观众得以走近剧组，了解镜头以外的故事，观察创作人员的思考和探索。尤其是纪录片拍摄了剧组与功勋人物的真实交流，成为电视剧剧情内容有力的补充。另外，相关单位"赓续功勋精神"主题学习片等作品的制播，有效延展了该剧的长尾效应。

电视剧《功勋》采用单元剧形式串联起八位功勋人物的"高光时刻"。《能文能武李延年》《无名英雄于敏》《默默无闻张富清》《黄旭华的深潜》《申纪兰的提案》《孙家栋的天路》《屠呦呦的礼物》《袁隆平的梦》，顺次展开的8个单元，遵循统一的创作原则，采用统一的片头设计，内容和片尾分别由8个剧组独立完成，具有不同的风格样式，各剧组拥有足够的独立创作空间，充分发挥各自优势，使观众能够感受到每个单元剧独有的新鲜感。总导演郑晓龙说："各组去深入采访、调研、构思故事，会有自己的感受和创作冲动，而这样拍出来的片子会提高观众的收视兴趣，我做导演也有些年头了，但用这样的方式创作一部作品还是第一次，是挑战，也是一次有益的尝试，收获颇丰。"

8个剧组拍摄的8个单元最终统合在《功勋》的主题之下，需要形聚更需要神聚。前述统一而富有庄重感的片头是形聚的重点，而神聚的重点则在于现实主义的创作原则和创作态度，核心就是：真实。主创团队达成共识，要追求艺术真实，一方面要求细节真实，服装、化妆、道具、场景在硬件细节上不留死角；另一方面要求营造时代的真实感，编剧和演员从人物的语言、说话方式、行为方式、思维方式到精神状态都努力还原剧情所属的年代，哪怕是一些虚构的情节，也必须符合人物性格特点，符合生活的逻辑，符合常识，不掩饰，不刻意拔高，不喊空洞口号，不搞伪激情。雷佳音钻研《于敏传》，学习核物理、氢弹技术知识，笑称自己成了半个专家；周迅镜头内外表情、身形、步态全面沉入角色，从振荡试管练起，逐一突破专业人员的实验室日常动作；蒋欣驾牛耕地、双肩担水，由美黑变真黑，同组演员由"受不了那股味儿"到"吃住都在田间地头"；王雷揣摩台词情绪，把一段誓师动员由慷慨激昂调整为含泪悲壮，以真情唤醒共情……全身心投入、沉浸式创作，"接地气"的艺术风格收获了观众的认可。

《功勋》在八位主角之外，还刻画了他们身边的亲属和一大批默默付出的平民英雄形象。8个单元的末尾都有献词，清晰表达了创作团队的人民英雄观。献词分别致敬了为中国核武器事业发展、核潜艇、航天事业、杂交水稻、研发青蒿素以及对人类福祉作出贡献的科学家和科研工作者们，为保家卫国流血牺牲的英雄们，深藏功名、扎根基层为百姓服务的退役军人们，为妇女解放、争取男女平等作出贡献的人们。

剧中，于敏的妻子孙玉芹深夜独自前往医院分娩、孙玉兰拿出家人牙缝里省出的粮食帮张富清周济烈属、李世英当翻译帮助黄旭华与苏联专家沟通、魏素萍在孙家栋面对危难时不离不弃、李廷钊报名参加屠呦呦的青蒿素试药、邓哲用暖水壶塞为袁隆平缓解皮疹痛苦……作为模范人物的人生伴侣，生活中共性非常多，但经过创作者精细考究的匠心塑造，在故事讲述和视觉呈现上表达出强烈的差异化，人物形象获得了清晰的识别。

剧中，为了保障研究人员吃饱饭，329团战士小孟在打黄羊时摔成重伤后牺牲；暴雨天停电，为了保障核潜艇研究进度，俞连长在抢修电路时触电牺牲；谭胖公在杂交稻南繁基地中蛇毒牺牲；陆杰在繁重的研究工作中患病，生命进入倒计时……还有李延年、张富清的连队战友，申纪兰的乡亲，于敏、黄旭华、孙家栋、屠呦呦、袁隆平的同事郝国志、老马、于所长、严保国、黄志明、陈希远、章建光、老徐、周政、李必湖、尹华奇……当剧集结束的时候，他们的身影并未淡去，他们都是《功勋》致敬的人民英雄。

英雄叙事是文学艺术主流叙事之一，一个有希望的民族不能没有英雄，为英雄构筑国家记忆、民族记忆、人民记忆是文艺工作者义不容辞的责任。《功勋》以宏大叙事架构的精神、信仰为筋骨，化微观镜头捕捉的生活、情感为血肉，采用平视视角，还原英雄的平凡生活，溯源英雄的不凡业绩，在平凡与不凡的水乳交融中，共和国的英雄与共和国的人民紧密联结。扎根人民的英雄可信、可亲，贯注着人民创造的力量；英雄辈出的人民可敬、可爱，蕴藏着英雄伟业的源泉。主创团队以求真态度，构建艺术时空，激荡家国情怀，描摹平凡生活、涤祛岁月尘埃，致敬英雄、致敬人民，打造了一部传得开、讲得好、留得下的铸魂力作。

（2023 年第 2 期）

《丝路金桥》：展现丝路精神的文化符号

颜学静

中国雕塑是中国文化的重要组成部分，在题材内容和雕塑技法上都具有鲜明的民族特色。新时代，雕塑艺术不断吸收融汇世界文化艺术发展成就，汇聚起多元交响的崭新乐章。

多元的形式语言与观念创新在变换的展示空间中为雕塑艺术建构了多重阐释维度，拓展了雕塑艺术本体的内涵。放眼新时代雕塑领域的多元创造，《丝路金桥》是其中的成功案例。全国政协委员、艺术家舒勇在创新艺术理念的驱动下，以"一带一路"为背景，以"构建人类命运共同体"为主题，创作完成了一座承载了各国人民的梦想及美好愿望的主题雕塑。作品创造性地将古老的丝绸之路、赵州桥与新时代理念生动地结合起来，展现了和平合作、开放包容、互学互鉴、互利共赢的丝路精神。

《丝路金桥》金碧辉煌，是一个强化视觉冲击与观念震撼的大型文化景观。这一作品创作于2013年，长28米、高6米、宽4米，以有着1400多年历史的隋代建筑赵州桥为原型，由近两万块嵌有"一带一路"范围内53个国家、94个城市国花或市花的"丝路金砖"砌装而成。"丝路金砖"为人造琥珀砖（又名"树脂水晶砖"），具有绿色环保、坚韧耐腐蚀、立体感强等优点。琥珀金色是太阳的颜色，代表着温暖。同时，在中国传统文化中，金色也代表着尊贵，极具中国特色。每块"丝路金砖"内部熔铸了丝绸制作的手工花。丝绸是中国的特产，是中国古代劳动人民智慧的结晶，是中国古老文化的象征，以其卓越的品质、精美的花色和丰富的文化内涵闻名于世。以丝绸制成的手工花，栩栩如生，蕴藏着丰富的内涵，传播着东方文明的美好寓意。"花是世界的艺术语言，而国花是一个国家的文化基因，是人们公共情感、性格的文化符号。"通过国花把各国的文化融入进来，"一带一路"沿线国家和人民都有了情感连接。各种花仿佛都在释放生命无尽的活力，与桥梁发出的金色光芒彼此辉映，晶莹剔透、美轮美奂，充满希望与力量。

2023年是"一带一路"倡议提出10周年，共建"一带一路"面临新的契机，将为世界发展治理带来更为积极深远的影响。今天的"一带一路"倡议在强调"开放"的基础上，前所未有地突出了"连接"这个关键词，不仅要对外开放，还要修路架桥。"连接"是一道世纪命题，需要全方位、多层次的力量参与。桥是连接心灵的纽带，是连接政治、经济、文化的纽带。"我们将属于每个国家人民的精神寄托与追求都融入这件作品，从搭建起来的那一天开始将持续传递中国的善意和梦想。"《丝路金桥》是对国家与国家之间、民族与民族之间最美好事物的连接，是世界人民最美好连接的象征，中国人民的梦与世界各国人民的梦及美好愿望和谐明亮地交织在一起。这是中国在世界架起的友谊"金桥",是一座交流互通、和平发展、合作共赢之桥。

艺术品追求历久弥新的价值,有时依靠的不止于巧夺天工的工艺,也不止于它的浅层含义,而在于它对个体、对国家、对世界的长远影响,在于它所要表达的态度。《丝路金桥》在全球各种重大场合长期地、反复地运用全球性的中国文化符号来宣介"推动构建人类命运共同体"全球治理的中国主张,推动应对全球挑战的中国方案,成为"一带一路"的标志性符号。同时,《丝路金桥》通过在不同文化背景中与世界人民互动,不断叠加新的内涵和意义,逐步变为一个可成长的文化符号。哪怕遭逢外来异质文化的比对,《丝路金桥》也能凭借兼容并蓄的特质将其精华吸收,转化为人类命运共同体中新的文化元素,使得世界可以触摸到中国文化的博大与宽容。

中华民族历来讲求"天下一家",主张民胞物与、协和万邦、天下大同以及憧憬"大道之行,天下为公"的美好世界。"一花独放不是春,百花齐放春满园"。不断加强文化交流,才能有经济政治的相融和民心的相通。《丝路金桥》作为文化交流的传播者、创新者,将不同国家的文化融入其中,你中有我、我中有你,把"一带一路"的良好景象和构建人类命运共同体的美好愿景呈现给了世界,把中国人民尊重文明多样性,推动不同文明交流对话、和平共处、和谐共生的愿望传达给了世界。《丝路金桥》以艺术的方式向世界诉说着中国悠久历史的传承、开放包容的理念、文明大国的担当。它不仅是一座桥，更是一个文化符号，还是一个文明互鉴的传播者。《丝路金桥》向每一位走近中国的朋友传递中国力量，这座连接世界的桥梁，将发挥新的作用、绽放新的精彩。

"我的创作在社会上，不在创作室里。"多年来，舒勇持续不断地以艺术的方式，创造性打造"符号化"的艺术创作模式，围绕我国和世界发展面临的重大问题，着力创造能够体现中国立场、中国智慧、中国价值的超级符号。"好的艺术作品应该超越个人经验和个人体验，从国家、社会层面，担当起某种使命。仅是个人情绪表达，这样就消解了艺术的价值。"在他看来，好的艺术作品离不开语境，而国家战略就是最大的语境，脱离了这个背景，作品难以引发共鸣。舒勇在中国既有的文化符号系统中，用他的智慧和创意拓展与更新，融入了更多现代化、大众化、国际化的元素，将古老中国、现代中国与未来中国三者结合起来，形成既有历史传承又有现代感和亲和力的国家形象文化符号《丝路金桥》。他试图在人类的现在与未来之间搭起一座"桥梁"，这当中蕴含着他对人类命运共同体理念的深刻认同，一名文艺工作者从人类未来发展的大视野中看到了中国文化贡献于世界文明的可能性空间。舒勇的创作中还有一个独特的模式，他使用的艺术语言并不复杂，甚至可以说极为简单，通过一种量变——叠加、重复、重组，产生了新的命题和意义，强化心灵震撼感，从简到繁，由繁至简，体现出创作者的哲学思辨。

努力打造凝聚新时代价值观、具有世界影响力的超级文化符号，从当代中国的伟大创新中发现创作主题、捕捉创新灵感，创作深刻反映新时代的历史巨变的精神图谱，不断向世界展示新时代中国的精神风貌、发展成果和中华文化独特魅力，是每一位文化建设工作者的责任和使命。

（2023 年第 3 期）

《长征之歌》——山水流芳

刘 岳

长征，作为一种文化，深深浸入当今社会的方方面面，是一条从过去向未来不断生长的故事链。今天，近百个长征国家文化公园，星星点点分布在当年红军的长征路上，凝聚着中华民族走向复兴的精神力量。6集电视专题片《长征之歌》，没有对长征作过多的本体表达，也不是长征国家文化公园的内容宣介，而是在精神与文化层面，用生动的电视语言，为建设中的长征国家文化公园呈现三种不同维度的价值定位。作品立足当下，以开阔的眼界、国际化视角，为电视观众展示独特的艺术品格。

它们是空间也是时间，是地理概念也是心理概念。每个故事都有地点，地理空间覆盖着时间的帷幔。《长征之歌》讲述红军长征走过的地方、故事——历史小径、水道沿线，脚下的岩石、头顶的天空，在片中，它们不再是公园里的景观，而成为长征的史迹名录、自然地标以及历史、文化、自然和教育资源。观者聆听的是长征谱写人类命运交响的一段空谷足音，即使有的故事广为人知，镜头仍可以带你揭开深层的历史。

大家熟知，湘江血战中央红军锐减至3万余人，但只有当地百姓知道，有一座连接着地下暗河溶洞的酒海井，里面浸泡着很多湘江战役红军战士的尸骨。《长征之歌》以此为牵引，探向历史深处：2017年，考古队员和水下探险队员努力在井下的淤泥中打捞到红军烈士的遗骸。分析发现，这些骨骼均属男性，年龄在15岁至25岁之间，身高在1.37米至1.63米之间，体重不超过55公斤。一块用棕绳绑在遗骸上的大石头说明，这些红军战士不是被枪杀，而是被绑在大石头上推入井下……触目惊心的镜头具象了"寸土千滴红军血，一步一尊烈士身"。

镜头中还有令人惊叹的跋涉，有虚拟在线的数字游览，有温馨感人的见闻，有教育工作者和环保团队的深情讲述，有暮景桑榆老红军的蓦然回首——共使用了33位老红军的口述史资料，抢救式采访到6位参加过长征的百岁老人，他们饱含激情讲述的长征经历真挚、朴实，赋予文物鲜活的生命，还原了当年步步惊心的艰难跋涉、生死攸关的浴血厮杀，他们身上透射出的意志与定力强化了"一草一木一英魂，一山一石一丰碑"。

随着岁月流逝，今天的人们越来越多地把红军当年的热血视作眼前一路绽放的鲜花，把长征路途的磨难视为步入辉煌的浪漫，而《长征之歌》提醒人们，你熟识的那一路耸立的座座纪念碑、纪念馆，承载的是历史的悲壮，诠释的是民族的精神。镜头讲述的历史，有些会让你心怀感伤，但更多的是激励、启迪，给人勇气与信念。"闻所未闻的故事"在激发新的认知，让每一个奋斗者在历史中找到共鸣，让书本、博物馆、档案馆中的知识变得生动，让观众不再是旁观者，而是在不知不觉中成为历史的一部分。

它们是文化也是文本，是载体也是发现。长征把巨大的故事资源播撒在两万五千里的路途上，在时间的风蚀中，化作一段段传奇融入绿水青山。徜徉在长征文化的海洋里，《长征之歌》带领观众走上发现之旅。

今天的龙胜，是摄影爱好者的取景地，进入他们镜头的，除了如画的龙胜梯田，还有当年红军战士刻在瑶寨龙舌岩上"红军绝对保护傜民"的标语，它也进入了《长征之歌》的镜头：昔日反犬旁的"猺"变成了单人旁的"傜"，"红军把我们当人看，共产党是自己的组织"，那是一段历史佳话。而后，瑶族同胞保存了这些标语，新中国成立后将龙舌岩改名"光明岩""红军岩"。再后来，正是这些标语，让这个曾经与世隔绝的村寨逐渐被世人知晓，昔日的长征路变成了致富路。当年红军留下的故事，如同一卷厚厚的文本铺展在万水千山之间，正在由后人开掘和续写。

乌江边，《长征之歌》拍摄了一段特殊小路，当年红军从这里奔向乌江。几十年后，"中国天眼"团队在这里重走长征路，体验事业的意义。整整23年，"天眼之父"南仁东风雨兼程，用生命的倒计时跋涉在通向"中国天眼"的长征路上。2017年10月10日，在南仁东去世25天后，"中国天眼"第一次捕获发现了脉冲星，来自1.6万光年外和4100光年外的脉冲信号，仿佛是南仁东发来的远方问候……这样有温度的故事，在片中有50多个段落，记忆与风景共存。

发现无处不在，《长征之歌》不仅记录这些独特的地点并了解它们的特殊文化和物理意义，还用一种揭秘的方式解读镜头里的发现。无论你是想打卡标志性的长征景观、体验长征故事，还是寻求独特的视角来感受不一样的惊喜，该片都能给你收获。

《长征之歌》六集内容展现出六条不同的路径，并明确路标，每条路径都遵循一个主题——历史文物、历史承诺、"两山"理论、中国制造、文艺宣传、相交世界，每个主题都代表了长征所展示人类精神的一个重要方面，每个方面都是历史对接当代的一部分，并突出显示与该主题相关的人物、地点和故事，这些故事涵盖了过去和当下。不管沿着哪条路径旅行，故事都可以给人带来新的发现，历史就这样在不断的发现中，帮助每个人在长征故事中看到自己。

它们是过去也是未来，是公园也是你我。长征是历史的，也是现实和未来的，这是《长征之歌》创作的重要立意——讲述长征在大地上延续的故事：

赤水河红军大桥全长 2009 米，跨越壁立千仞的喀斯特岩溶地貌峡谷，由 81 块重 200 余吨的钢桁梁拼装而成，它是世界上山区同类型钢桁梁悬索桥梁中第一高塔、第二大跨的峡谷大桥。

乌东德水电站有着世界上最薄的 300 米级双曲拱坝，也是世界首座全坝应用低热水泥的特高拱坝，与巧渡金沙江展示园紧密相连，两段传奇诉说着金沙江畔光荣的昨天、美好的今天、灿烂的明天。

在当年红军通过的大凉山彝族地区，曾经只有火把的西昌，今日被誉为"北斗的母港""嫦娥的故里"。北斗卫星从这里发射，以长征命名的火箭创造了祖国航天事业一个又一个"首次"。

穿越黄河，是南水北调最具标志性的工程。水下修建水利工程，前所未有。就像长征一样，没有先例就创造先例。今天，从长征国家文化公园的独树镇战斗遗址远眺，一渠清水正流向京津腹地……

在《长征之歌》中，每个故事都帮助我们认识到，伟大的长征史实际上是由不同时期的历史发展进程共同塑造的。一程又一程，一路长征，走出了今天中国的进步和发展。时间、人物和地点这三个故事元素将所有长征主题联系在了一起，在《长征之歌》中，时间不仅仅是定位历史事件的点，更是一条不断向前推进的意义生成线，使我们可以更好地理解现实的成因，在永恒的变化中找到不变的东西，对未来充满自信。

长征国家文化公园打造身临其境的课堂，让观者了解历史和自然，而《长征之歌》则将所有的人，与长征文化融为一体；长征国家文化公园是该片展开故事的有形背景和讲述故事的起点，而在《长征之歌》的叙事里，当年红军长征辐射的地方都是中华民族走向辉煌明天的出发地。在这个波谲云诡的时代，当代人的长征特别需要从历史中找到定力。今天我们对长征的阐释就是对内心的解读，说历史实际上就是在说当下，长征是祖辈的传奇，也是我们每个人的自传。

（2023 年第 4 期）

《大国工匠》——典型报道"求实"的力量

海 兵

增强正面宣传的吸引力和感染力，是习近平总书记对新闻舆论工作提出的要求，也是宣传思想工作者在实践中努力的方向。中央电视台新闻中心自2015年起持续推出的系列典型报道《大国工匠》，揭示国家实力之源——平凡人的踏实劳动。通过书写顶级技工的执着、工匠传统的积淀、劳模精神的传承、时代发展的诉求，打造出了一档引发强烈反响和现象级传播的典型报道品牌节目。该节目制播的成功实践，从多方面展现出"求实"的力量，为增强正面宣传的吸引力和感染力提供了有益借鉴。

选题立意求实。选题是典型报道的根基，根基要实，既需紧扣国家宏观大政方针，又需切合基层微观运行动态。编辑记者要熟悉党和国家的路线方针政策及当前中心工作，深入了解基层一线实际状况，找到重大选题、高远立意与群众工作、生活的现实结合点，在最佳结合点上发现典型、报道典型，增强报道的现实针对性，才能破解典型人物辨识度低、典型事迹感染力弱、典型塑造陈旧僵化、典型宣传难引共鸣的问题。

《大国工匠》节目组围绕党和国家中心工作，强化问题导向，抓住了中国成为世界制造业规模第一大国后亟须解决的"大而不强"这个现实问题；直面中国制造的现实痛点——技工队伍总体数量不足、年龄结构老化、高端技工稀缺，相当长时期百姓言及商品质量必赞德日、舍近求远抢购国外普通日用品等；关注支撑中国制造、中国创造的1.7亿技术工人，聚焦他们的代表——顶级技工，创造性地提出"大国工匠"概念，集中报道"大国工匠"风采，每季5—8集，每集一人。工匠们从"30后"到"90后"，年龄跨度接近60岁，既有参与航空、航天、军工、高铁、核电等国家重大项目，代表国家制造业软实力的顶级技工，也有从事汽车、网络、医疗等行业，服务民生的技术能手，还有坚守中国传统手工艺和传统文化的工艺大师。他们接受职业教育培养，靠自己勤学苦练、勇于创新，成为各个生产技术领域的"国宝"；他们耐心专注、锲而不舍、千锤百炼、精益求精，一念执着、一生坚守，每个人身上都蕴含着工匠精神独特的魅力。

现实在变化，国家在发展，从匠心筑梦到为国铸剑、匠心传世、创造力、技能报国、匠心报国……《大国工匠》报道主题词每一季都在变换，艺术风格、表现手法也在探索创新，不变的是创作者对现实的敏锐关切，这是典型报道得以与时俱进的根本。选题切今日之实，《大国工匠》便能够用"国"与"人"的故事，继续吸引、感染人们，让古老的工匠精神传承发扬，让世界看见新时代的"大国工匠"。

报道客观求实。典型报道若失去对客观真实的追求，极易因堕入空洞歌颂而丧失吸引力。真实的报道只能从现实中来，需要记者深入生活、调查研究、洞察机理、抓住关键。不掌握现实情况、抓不住关键问题，或不敢直白呈现，就只能编造虚假内容、搬用僵化表达、铺排空洞叙事，毫无悬念地制造出缺乏感染力的劣质产品。

《大国工匠》节目组深入观察工匠师傅的工作、生活，不带任何成见、预设，接触原始素材。记者除了睡觉、上厕所，几乎所有时间都和工匠师傅待在一起。师傅们工作，记者就在旁边观察他们的动作、神态；师傅们休息，记者就和他们一起聊天、一起吃饭，体会他们身上触动人心的东西。节目组坚守抓拍不摆拍的原则，创新采用多种技术展现完美极致的职业技艺，同时，突破性呈现真实细节，引导受众关注、思考现实存在的问题，推动现状改变。

138米高空，1000千伏特高压输变电线路电缆上，采用中国独创技术，王进脚踩一根电缆悬空带电作业，画外音："特高压感应形成的电弧可以瞬间将人化为灰烬。"记者与一位工匠的孩子问答："如果你长大了，让你干你爸爸干的活，你愿意干吗？""不愿意。""为什么？""因为我怕干活累。"既是意料之外又在情理之中的客观陈述，评论留白，耐人寻味。

故宫古书画修复师单嘉玖，平淡地提起"干文物不玩文物"的家训，坦然谈到要干"良心活"，"不能让后代人骂"。革新技术创造巨额经济效益的采油工刘丽教给徒弟："我们做革新为的是应用于生产实际，不是为了去评奖。"特种钢管深孔镗工戎鹏强，带徒弟不仅教手艺，还把自己挣的工时费分给徒弟一半，忧虑地说出："现在进工厂的年轻人越来越少了。"细节叩问人心，引发思索。

　　大飞机制造首席钳工技师、航空"手艺人"胡双钱，长期接触铝屑的手颜色发青，一家三口长年住在30平方米的老房子里，54岁刚刚贷款买下70平方米新房，喜悦、满足溢于言表。"蛟龙"号装配组组长、"两丝钳工"顾秋亮，手工打磨精度超越数控机床，食指、中指指纹因常年触摸工件已被磨光，妻子生病、孩子上学急需用钱……技能人才待遇问题在无言中凸显。

　　传播高效求实。要实现高效传播，内容制作精良只是必要条件之一，以求实态度推进科学统筹、制播配合，追踪互动、深度开发，是提升典型宣传吸引力和感染力的有效路径。

　　《大国工匠》2015年、2016年"五一"和"十一"都播出，2017年起固定在"五一"播出。播出时间选择假期，是遵从节假日休息时间受众对媒体的关注度较高的传播规律，而在劳动节向劳动者致敬，有利于引发共鸣、提升感染力。节目在央视综合频道和新闻频道联合播出，《新闻联播》《朝闻天下》《新闻直播间》《东方时空》《共同关注》等多个栏目在不同时段连续播放，加大了传播强度，强化了受众认知。节目组适应不同栏目受众的观看预期，结合频道、栏目特点，制播了不同片长的多种版本，以利于节目融入不同栏目，保护传播效能。

　　节目在电视台播出期间，央视网同步传送节目内容，"央视新闻"微博、微信、客户端同步推出特别策划。《今天，让我们向这8双手致敬！》等宣传文章的推送，在扩大传播覆盖面的同时强化与受众互动，受众的反馈为节目调整改进提供了参考。为适应观众需求，央视对已播出的四季报道素材进行深度整合、二次创作，精细打磨制作出的8集专题片《大国工匠》，于2016年10月播出，叠加放大效应将传播热度推上了新高。

《大国工匠》选题和内容的现实针对性引起各方关注，破圈传播。第一季首播当月，教育部职业教育与成人教育司发出通知，要求职业院校组织收看《大国工匠》宣传片；次月，报道素材出现在高考全国新课标乙卷作文题中。第二季播出次月，中华全国总工会授予《大国工匠》节目组全国五一劳动奖章，将"继续做好《大国工匠》报道"写入《全国总工会改革试点方案》。从2018年起，中华全国总工会还与中央广播电视总台联合开展"大国工匠年度人物"发布活动。

《大国工匠》典型报道用事实说话、实话实说，让工匠技艺、工匠精神的魅力生动呈现，将劳动教育、技工培养、工人待遇等问题引入大众视野，引导社会关切和讨论，为推进培育文化、教育引导、制度保障等工作营造了良好氛围。2018年《关于提高技术工人待遇的意见》出台，2022年《关于深化现代职业教育体系建设改革的意见》落地。求实得实，典型报道的吸引力和感染力在求实中不断增强。

（2023年第5期）

诚信之星：星光普照　星火燎原

陈　风

日光耀目，月色清朗，繁星闪烁，亘古不息。诚信，是中华民族的传统美德，是社会主义核心价值观的基本要素。习近平总书记提出，诚信是和谐社会的基石和重要特征。党的二十大报告强调，要弘扬诚信文化，健全诚信建设长效机制。2016年以来，中央宣传部、国家发展和改革委员会联合主办了6次年度"诚信之星"发布特别节目，共发布62个"诚信之星"的先进事迹，特别节目在中央广播电视总台央视财经频道播出。

"诚信之星"是闪烁的群星，他们来自全国各地、各行各业。发布仪式上播放的是反映获奖者典型事迹的专题短片，记录获奖者在平凡工作、生活场景中的一个个故事，辅以发布仪式现场主持人与获奖者之间的交流互动，展现获奖者的精神风貌。同时，融媒体作品在网络平台进行推送，将故事广泛传播。通过树立诚信典型、传播诚信事迹、弘扬诚信传统，带动全社会形成履约践诺、诚实守信的良好风尚。时下，各级各类典型事迹的年度发布活动不胜枚举，为增强典型宣传的影响力，"诚信之星"特别节目进行了积极的探索。

群星闪烁，如何提升典型事迹的辨识度？节目采取了多重类聚的方式，每次年度发布采用分章形式推进，每一年度使用的分章标题并不相同：践诺、担当、梦想、众志、攻坚、初心、使命……陆续被用作标题，体现出节目围绕中心、服务大局的不变原则，也反映出主办者对诚信内涵的解读在细微处的变化——实践中，诚信的内涵得到丰富，道德行为指向逐步由个人扩大为群体，党对人民的庄严承诺被纳入诚信范畴。此外，节目还逐渐探索出一套固定的仪式收结篇章——在年度发布仪式末尾，以相同的四个标题分组，回顾过往发布的所有"诚信之星"，带观众凝望群星，感悟诚信不变真谛：

诚信，是矢志不渝的初心——雪域高原上的平安使者丁发根，30年不涨价的"一元"村医吴光潮，深耕土地50年端牢中国饭碗的徐淙祥，"你为国捐躯、我为你尽孝"的袁玉兰，30年服务岛民、只卖平价药的豆碧珍，奉献西北边城50年的儿科医生路生梅，耗费半生寻觅烈士遗属的老兵施德华，27年不涨价的"早餐奶奶"毛师花，良心制造放心美食的孙世福，19年执着坚守替亡夫还债的徐兰英，践行承诺照顾战友父母的廖良开，宁愿亏钱不能亏了信誉的丁山华，无悔返乡带领乡亲致富的徐春华，子承父业守护无名烈士的程祖全，假一赔十、童叟无欺的宁凤莲，陪伴刘老庄82烈士半个世纪的英雄妹妹李爱云，33年跋涉怒江峡谷山寨间的送信人桑南才。

诚信，是照亮未来的希望——坚持45年送电影下乡的放映员郭建华，放弃优渥生活倾力振兴家乡的徐志新，不计得失竭力保供的张吉章，"钥匙医生"严正，助残脱贫的爱心企业家谢运良，泛舟济苍生的海岛医生余家军，诚信经营的"旗袍先生"崔万志，收购残疾人手工制品30年的罗万森，助残就业的"折翼天使"杨晶岚，助困扶弱共同致富的"校长"张志旺，无惧疫情的志愿者汪勇，致富不忘村民的王福国，"果园教授"裴忠富，建厂开矿带牧民奔小康的韩宇，收假焚烧立信经商的李国武，诚实守信热心公益的叶奕锐。

诚信，是凝心铸业的基石——坚持共同富裕的王彩荣，"抗疫先锋电力卫士"国网南京供电公司石城供电抢修服务队，创造奇迹的山东康力医疗器械科技有限公司，大爱担当的福建鸿星尔克体育用品有限公司，倡导诚信的邓志军，苦修内功的石药控股集团有限公司，义行天下的"世界超市"浙江中国小商品城集团股份有限公司，固本守源的东阿阿胶股份有限公司，生死接力、永不欠薪的湖北信义兄弟建设集团有限公司，大国重器背后的硬核动力中国石化润滑油有限公司，阻击疫情的基层模范青海省西宁汽车站有限责任公司，驮起天山脚下致富梦想的新疆旺源生物科技集团。

诚信，是生生不息的力量——跨越四代人的百年"义渡"传奇万其珍，坚持做好奶粉的冷友斌，不赚昧心钱的良心导游刘萌刚，为青年引路的人生导师王辅成，退休不褪色的红色宣讲员谢立亭，传承五代守护红军墓的邹广阳、邹广周，盖诚信大厦播诚信种子的李江福，拒绝假冒伪劣的种子化肥经销商蔺发儒，传承家风的信义兄弟王长义、王长信，良心打造国产好奶粉的吴松航，四代接力的护林人高青旺，"80后"驻村书记余静，打造新时代商业精神的蔡金钗，守望千家万户的社区干部林则银，身处逆境不忘践诺的李耀梅。

——回望62颗星，足足用去370秒，特别节目对往届典型进行复沓式再宣传的这一设计，强化了典型宣传的群体示范效能。"诚信之星"坚守的点点滴滴，让诚信照进了现实，节目中他们的名字在屏幕上大字凸显，视频、图片中的他们，眼神有温有热，但坚执笃定，脚下或疾或缓，但步步坚实。他们的名字如繁星，或许难以被牢记，但他们的行动共同闪亮汇聚成为诚信之光。每一颗"诚信之星"都不是瞬间划过暗夜的孤寂流星，更不是统计学上无差别的数字"1"，如何加强先进典型发布后的再宣传值得研究探索。

与"诚信之星"事迹一同闪亮的还有音乐，特别节目精心运用音乐元素提升节目感染力。童声合唱《诚信歌》被选作开场歌："言必信，行必果，一诺千金不打折；诚为根，信为本，说话算话好品德，说了就要做，不做不要说。承诺要比泰山重，一撇一捺写人格。"这首歌语言活泼，通俗易懂，节奏欢快，易记易唱，是中国音乐家协会、北京市文联、北京音乐家协会策划和发布的"社会主义核心价值观少儿声乐套曲"中的一首。词作者车行（代表作《常回家看看》等）表示，对低龄的儿童来说，社会主义核心价值观的深刻内涵可能不易完全理解，因此套曲的歌词创作，尽量把深刻的概念形象化，以生动活泼的语言方便小朋友理解和接受。曲作者李昕（代表作《好日子》等）说，在创作这组套曲时，他是模仿孩子的语气边唱边写的，尽量采用简约的乐曲形式，便于孩子们学唱。

"诚信之星"发布仪式结束时，节目主题歌《诚信之光》悠然响起——"千金贵，一言长，诚信一道光，对你说过的那句话，从来没有忘……有些话，不响亮，但地久天长，善良种子在生长，在四面八方……"在歌唱家饱含温情的歌声中，发布仪式舞台背景幕上，播出历届诚信之星宣传片的精彩片段，混剪成的短片与歌词丝丝相扣，诚信之星群星闪耀，诚信之光暖意融融。

多年以来，"诚信之星"与全国道德模范、"中国好人"等诚信典型的宣传带动了全社会诚信风尚的形成。今年3月15日的夜晚，北京，第33届"3·15"晚会开播，主题为"用诚信之光照亮消费信心"，从"提振信心"出发，倡导以诚为本、信守法治，营造健康经济生态，改善消费条件，释放消费潜力，构建与高质量发展相互促进的现代消费文明。400公里外，山东，"烤炉+小饼+蘸料"的烧烤灵魂"三件套"生意火爆，映红了"淄博经验"——加强诚信宣传，聚焦"信用建设促消费"、打造"放心消费在淄博"品牌，扎实推进社会信用体系建设，激发"放心消费"新活力。诚信星光已普照，诚信星火正燎原。

（2023年第6期）

"美在新时代"——开放的中国美术馆

海 兵

1963年5月23日，在毛泽东同志《在延安文艺座谈会上的讲话》发表21周年纪念日，中国美术馆建成开放，毛泽东同志题写馆名。今年，在中国美术馆建馆60周年之际，习近平总书记给中国美术馆老专家老艺术家回信，提出"努力打造新时代人民群众欣赏美术佳作、提升文化素养的国家级乃至世界级艺术殿堂"。5月23日，中国美术馆建馆60周年座谈会在北京召开。中共中央政治局委员、中宣部部长李书磊出席座谈会，宣读习近平总书记的回信并讲话。同日，由文化和旅游部组织实施的"2023年全国美术馆馆藏精品展出季"启动仪式在中国美术馆举行。其后，"美在新时代——中国美术馆建馆60周年系列展览"开幕，近六百件馆藏精品现身展厅，包含"致敬经典""墨韵文脉""塔高水长""美美与共"四项主题展览，分别展示馆藏经典作品、中国写意艺术、红色美术传统及中外文明交流成果。

丰富的展览吸引了观众，6000人预约上限日日爆满，部分主题展览延长展期。其中，展期最长的是"墨韵文脉——八大山人、石涛与20世纪以来中国写意艺术展"，入选了"2023年全国美术馆馆藏精品展出季"活动目录，是本展出季的首展。展览由中国美术馆、故宫博物院、南京博物院、四川博物院、广州艺术博物院、八大山人纪念馆主办。策展从学术视角聚焦中国写意艺术，联结以清初八大山人、石涛为主的古代画家写意作品和现当代具有写意精神、写意水准的艺术家及其作品，阐释中国写意艺术的文脉流变。八大山人眼高百代、画风孤傲倔强，石涛至法无法、画法离奇苍古。他们的作品继承前人、底蕴深厚，关联现实、个性鲜明，艺术面貌独特，透射出强烈的情感色彩，极富感染力，是中国写意艺术从传统向现代转型时具有独特创造力的代表。清初，他们为陈陈相因的文人画坛带去勃勃生机，今天，他们独具创新性的个性化表达仍是美术史上不朽的典范。竹，是二人创作元素中一个重要的交汇点，三百多年前，两人遥相呼应、隔空合作《兰竹图》，此次六馆联合办展，《兰竹图》千里而来，为五楼中心展厅用鸟鸣声营造的中国传统山水花鸟意趣平添一抹南粤竹韵。

墨韵文脉，延展在画作中，也蕴藏在画作外。细读展品说明牌，八大山人《秋窗竹韵图》《鹤鹿凫雁图》、石涛《江干访友图》、郑燮《兰竹》等都是"1964年邓拓捐赠"。当年，邓拓同志将个人收藏的145件（套）古代绘画作品捐给中国美术馆，其中北宋苏轼《潇湘竹石图》，迄今为中国美术馆馆藏最古画作。近千岁的绢本水墨画并后世题跋及收藏钤印构成的932厘米长卷，此次入列"致敬经典"主题展，铺展在1号圆厅正中央，与其他馆藏经典作品一同参加馆庆。2022年，中国美术馆曾举办"斯文传古风——邓拓捐赠古代绘画精品展",策展挖掘捐赠作品中的"竹石"意象,叙事突出"潇潇竹、磊磊石",同时展出一批文献,其中有邓拓同志1960年所作七律:"八百年间古帝都,石梁秘籍继河图。丹青旧迹嗟零落,翰墨奇缘意惋愉。心爱斯文非爱宝,身为物主不为奴。人民艺术新天地,展望方来万里途。"古风悠远,写意精神,伴着作者挚爱的潇湘竹、秋窗竹,轻拂望者的眼、观者的心。

展厅里的展品,多数出自馆藏。中国美术馆藏品总计13万件,其中3万件来自1200余位捐赠者,每一项捐赠背后都有故事,每一位捐赠者的名字都被感念。此次馆庆系列展览中最醒目的两块展板,赫然矗立在一楼大厅,高逾层楼的橙红色展板上"1963—2023向国家捐赠作品的捐赠者名录"整齐排列,大多是汉字,也有英文、法文、俄文、德文……大厅两侧通向展室的连廊墙面被巨大的棕色展板覆盖,9800余人的"中国美术馆馆藏作品的艺术家名单(1963—2023)"按照汉译名汉语拼音排序并注明外国籍。名单墙上,艺术家纵越千年、横跨万里汇聚,若万人群像;文脉延展狂野、倔强,如竹根生长;人类文明发展的勃勃生机、人类命运共同体的文化辉煌、古今中外无数具体而微的艺术奉献在此具象。

展厅里也有外借展品。目前全国有七百多家美术馆,展品互换、借展、巡展等方式提升了美术资源利用效能。"塔高水长"主题展的展品以馆藏为主,兼及外借重点作品。策展主旨为弘扬伟大长征精神和延安精神。长征部分,精选60余件长征题材的馆藏作品，与中国美术馆组织创作的《长征组雕》共同展出。延安部分，展出百余件作品，既回望红色美术传统，展示延安木刻、延安摄影在反映革命斗争和根据地民主生活、生产劳动方面的创造，也展示新时代美术家赞颂延安精神、讴歌时代和人民风貌的作品。其中，毛泽东同志为刘岘同志的木刻作品题词引观众驻足——"我不懂木刻的道理，但我喜欢看木刻，刘岘同志来边区时间不久，已有了许多作品，希望继续努力，为创造中华民族的新艺术而奋斗。"

红色美术传统贯通在展厅内外。1958年，中央决定在首都兴建一批公共建筑，作为文化标志的"中央美术展览馆"位列其中，总指挥周恩来同志对建馆设计提出了要求：古今中外，一切精华，皆为我用。他提议：作为首都公共建筑，应具备城市园林的功用，为群众提供休闲场所，在主楼前设计长廊并竹林。2011年，全国公益性文化单位免费开放政策实施，国家公共文化服务开启"免费时代"。如今，长廊、竹林仍在，已成为户外"中国美术馆雕塑园"的一部分，竹荫下、竹影边安放了百余件适宜户外展陈的馆藏雕塑作品，陈独秀、李大钊、向警予，蔡元培、鲁迅、朱自清，齐白石、潘天寿，达尔文……在园中凝望。长廊外添置了桌椅，廊内廊外时常有观众坐定下来，与竹林、与雕塑静静对视。

雕塑园里，还有超现实主义大师萨尔瓦多·达利的雕塑《圣塞巴斯蒂安》。这座雕塑与"美美与共"主题展的70余件（套）展品都来自馆藏近4000件国际艺术品。"美美与共"的策展从"现代之路""意蕴丝路"两个角度展示中国美术馆藏国际美术作品。布展充分发挥美术馆叙事的开放性特点，展现世界各地艺术的差异性。个体展品间迥异的艺术风格、自然的视觉语言反差，让观众在一步千里、跨越时空中直面人类文化的多元，体味造型艺术中异质而共通的传情达意，提升对同中之异的包容、对异中之同的洞察。

开放、包容内蕴于策展、布展，也体现在中国美术馆的公共服务理念中：展厅墙面只有展品，没有各种禁令标识，如果有人打扰他人观展，会有工作人员举起提示牌从提示对象近前走过，如果没有解决问题，便再次走过；"艺术教育空间"在展出公共教育项目的作品，"我画中国美术馆藏品"的临摹者来自中小学、少年宫，六七岁的作者用画笔传达着自己的审美；已有17年历史的志愿者团队活跃在展厅导赏、资料整理、宣传、翻译、摄影、设计工作中，他们用并不职业的笑容感染着大家……

花甲之年，中国美术馆活力依旧。开放，让更多的人、更多的美术作品有机会相遇在美术馆，让美绽放在新时代。

（2023年第9期）

新时代乡村阅读季：文化强国　品牌闪亮

海　兵

　　10月13日，历时近半年的2023"新时代乡村阅读季"，以"新时代乡村阅读盛典"在四川成都的成功举办圆满收官。2023"新时代乡村阅读季"由中宣部、农业农村部（国家乡村振兴局）联合开展，于4月23日（全民阅读日）在浙江杭州举办的第二届全民阅读大会上启动，按照全民阅读工作总体部署，依托农家书屋和有关重点数字阅读平台，推出十项主题突出鲜明、内容丰富扎实、形式多种多样、各方融合互动的阅读活动。"新时代乡村阅读季"自2019年至今已连续开展5年，通过不懈探索，内容和组织形式不断丰富、创新，成为文化强国建设中一个闪亮的品牌。

　　主题鲜明。5年五个阅读季分别以"新时代·新乡村·新阅读""耕读传家兴文化，脱贫攻坚小康年""永远跟党走，书香伴小康""阅读小康气象，奋进振兴征程""书香润乡村，阅读促振兴"为主题，围绕党的中心工作，明确活动年度目标。阅读季线下活动经常使用农家书屋标识，彰显了活动提升农家书屋服务效能、促进全民阅读进乡村的主旨。本季主题出版物阅读活动，围绕全党正在开展的学习贯彻习近平新时代中国特色社会主义思想主题教育，持续加强主题出版物配备，创造性开展习近平新时代中国特色社会主义思想和党的二十大精神主题阅读、主题宣讲，着力发挥优秀出版物的引领作用。

内容丰富。"农民喜爱的百种图书"推荐活动，以农家书屋年度重点出版物推荐目录为基础，通过农民荐书、地方宣传部门推荐、网络投票、专家评审等多种方式，推选出农民喜爱的百种图书，把主题出版、精品出版成果转化为农民的阅读导向。"发现乡村阅读榜样"活动，表彰来自全国各地扎根乡村基层、致力推广阅读、服务乡村振兴的典型人物，发挥榜样的示范引领作用。"乡村振兴"主题书目评选发布活动，面向全国出版单位征集乡村振兴主题出版物，今年首届"乡村振兴好书荐读"发布活动在南国书香节开幕当天举行，提高"乡村振兴"主题图书的社会影响力，满足广大"三农"从业者工作需求。

形式多样。"我爱阅读100天"读书打卡活动，在咪咕阅读APP开设乡村阅读专区，重点上线主题出版物阅读专架，把优质阅读内容推送到农民手指边，持续优化读书打卡方式，满足农民数字化阅读需求，培养农民阅读习惯。"携手奔振兴"图书捐赠活动，组织出版发行单位面向乡村振兴重点帮扶地区开展图书捐赠、培训讲座、阅读辅导、惠民售书、流动售书等活动，重点开展少儿图书捐赠活动，满足农民群众多样化阅读需求。"阅读助力农业保供增收"领读计划，围绕粮食丰收等农业保供增收重点任务，遴选增产有实效、农民有需求的实用技术推广图书，组织编著者通过线上线下结合的方式对农民进行技术辅导，促进农业提质增效，带动农民群众增收致富。

融合互动。"乡村伴读"融媒体推广活动，组织新闻媒体围绕乡村阅读开展融媒体宣传报道，采编乡村阅读专版，拍摄乡村阅读微纪录片，引导社会各界关心支持乡村阅读。"影像中的和美乡村"征集活动，动员组织广大农民群众和"三农"工作者用手机记录身边的阅读故事、乡村生活，生动展现农民群众的和美生活，展示广大乡村的秀美风光和乡村振兴的巨大变化。新时代乡村阅读盛典，全面总结阅读季系列活动成果，组织各项活动优秀代表参加阅读盛典，深入挖掘阅读季活动中的感人故事、优秀典型、先进经验、工作成效，充分展现新时代乡村文化建设成就。

"新时代乡村阅读季"在品牌活动打造中，上下联动、全媒体协同，在实践中探索出一系列主题鲜明、亲农惠农的活动方式，成为促进农家书屋提质增效、推动乡村文化振兴的重要抓手，也带动了各地坚持农民主体、创新方式、调动资源、打造亮点，精心谋划设计出深入本地群众生活的特色品牌活动。

（2023年第12期）

"艺苑撷英"：担负文化使命　培育青年人才

海　兵

2023年11月，"艺苑撷英——2023年全国优秀青年艺术人才展演"在北京民族剧院、中央歌剧院剧场陆续推出13场系列演出，涵盖戏剧、音乐、舞蹈、曲艺、杂技五个艺术门类，重点推介优秀青年演员90余人。此次展演由中宣部文艺局、中国文联国内联络部和相关全国文艺家协会共同主办（首次举办于2022年7月至11月），旨在进一步提高青年艺术人才培养的组织化程度，营造文艺界"大练兵、大比武"的氛围，形成文艺界识才、爱才、敬才、用才的良好氛围和人才辈出的生动局面，更好担负起新时代新的文化使命。

2022、2023两次展演均同步集中开展了相关艺术评论。中国文艺评论家协会组织评论家观摩演出并撰写评论文章，促进"做人的工作"与"引导文艺创作"有机融合，发挥文艺评论价值引导、精神引领、审美启迪作用。此次展演，"学习强国"学习平台推出11场演出的视频直播，在实播中国频道设专栏提供视频展示，在文化频道相关版块设专栏集中转载评论文章，人民日报、新华社、中央广播电视总台、光明网、中国文艺网等媒体也都进行了多角度的集中报道。敢于将展演视频资料放在线上进行长期公开展示，让线下剧场有限观众观赏的即时性演出变为线上无限观众可以随时审评的展品，不怕暴露缺点、失误，展示出主办者对于展演节目专业水平的高度自信，也有利于促进青年艺术人才在观演双方的良性互动中历练成长，亮出真功，演出精品。

走上展演舞台的青年艺术人才都经历过严格培训和层层选拔。舞蹈专场的25位舞者中有多位出自"中国顶尖舞者成长计划"。"顶尖舞者"是中国舞蹈家协会面向全国青少年开展的舞蹈人才培育工程，"成长计划"建立在顶尖舞者进校园、顶尖教师巡回课堂、顶尖舞者海外巡演的基础上，通过全舞种培训、集训，帮助舞者突破各自局限，探索全新的人才成长道路，同时精心推进立体宣传，着力在青少年中播下美育的种子，让越来越多的观众能够真切领略舞蹈的魅力。"2023中国顶尖舞者成长计划"来自全国各地的13972位报名选手中，通过视频筛选、分区培选，有1610人脱颖而出进入全国训练营。训练营培训把德艺双馨落实到人才评价机制中，创造性地在全国艺术人才选拔领域开设思政课，内容紧密结合舞蹈专业发展实际，将思想政治素质作为青少年艺术人才培养和评定的关键考核指标。训练营通过舞种融合联动培养，推优参加全国推选，再经推选专家从思政素质、专项舞种、创意展示、综合素养四方面考核，产生全国百强榜单，上榜的优秀舞者才有机会参加"艺苑撷英"等高规格展演活动。

中国曲艺家协会面向全国优秀青年曲艺工作者，按照德才兼备、优中选优的原则，经过北京初选、浙江台州现场复选，最终确定了评书、河南坠子、天津时调、沁州三弦书、乌力格尔、评弹、相声、扬州弹词、独脚戏、滑稽戏、二人转、杭州小热昏、弹词、四川清音、湖北小曲、快板等门类的20位青年曲艺才俊入选此次展演，展现中国曲艺旺盛的生命力。曲艺是中华民族各种说唱艺术的统称，展演舞台上，演员怀抱琵琶，用苏州方言结合评弹艺术，翻唱短视频平台的流行歌曲《声声慢》；评书《白蛇传——水漫金山》以现代视角演绎家喻户晓的民间故事；湖北小曲《"桥"见中国》呈现出国家建设的巨大成就……传统艺术在创新转化中焕发光彩。

参加展演的青年艺术人才显示出用专业技艺表现时代精神的强烈意识和高超能力。弦乐、舞蹈、杂技、魔术都不属语言类艺术，戏剧作为综合性艺术有语言表达部分，但此次参加展演的剧目除河南曲剧《鲁镇·天问》属于对艺术经典进行再创造的原创现代戏外，其他都是经典传统剧目，如何在表演中展现时代精神？参演青年艺术人才用舞台实践书写了各自的精彩答卷。

此次展演打头阵的是四台戏曲生、旦艺术演出，17位青年演员平均年龄不到35岁，带来《四郎探母·坐宫》《牡丹亭·拾画叫画》《珍珠塔·惊塔》《打金砖·太庙》《窦娥冤·法场》《挑滑车》《吕布试马》等17个代表性生行、旦行经典传统剧目，充分展现了京剧、昆剧、越剧、豫剧、河北梆子、扬剧、赣剧、曲剧、粤剧和小剧种台州乱弹、吉剧等11个剧种各自独特的艺术魅力。青年戏曲人在舞台上唱、念、做、打，于手、眼、身、法、步点滴间将自己所继承的中国戏曲剧种魅力、行当魅力、唱腔魅力、身段表演魅力传递给每一位观众，当三连摔叉、跪步、云里飘得到观众回应的时候，对"十年功"托举起"一分钟"的坚执和情感认同交融在舞台上下，艺术传承的活力源泉在人，既在于创作者、表演者、评论者，更在于人民群众。

弦乐专场的13位青年演奏家与中央歌剧院交响乐团联袂在中央歌剧院剧场诠释古典主义、浪漫主义、民族乐派、现代主义风格的经典曲目和优秀中国作品，展现精湛技艺，折射出新时代中国音乐文化事业的繁荣发展。展演曲目具有顶尖难度，技巧艰深，协奏曲的体裁更为每位演奏家提供了发挥才艺的巨大空间。有评论家指出：难能可贵的是，演奏家们技术上虽臻于炉火纯青，却并未过多着力于炫技，而是将高超演奏技艺融入对音乐艺术形象的表现，追求对作品艺术气质与艺术精神的深入挖掘，彰显出新时代中国青年艺术家的气派与格局。从演奏者简历上看，虽然其中不少演奏家拥有海外深造经历，但他们基础训练都是在中央音乐学院、上海音乐学院、中国音乐学院等国内艺术院校进行的，国内的学习经历为他们的从艺之路奠定了良好的基础。不少演奏家较早地就在中国音乐金钟奖、文华奖、柴可夫斯基音乐比赛等国内外重大艺术活动中崭露头角、获得佳绩，这充分表明，我国音乐表演人才的自主培养已达到国际先进水平。

艺术作品加强主题创作、讲好中国故事，追求叙事表达绝非唯一路径。杂技·魔术专场平均年龄24岁的22名青年演员奉献的《凌云——倒立技巧》《俏花旦·集体空竹》《龙跃神州——中幡》等12个节目表明：以精湛技艺不断突破极限达到本体创新、与其他艺术融合发展出新的形态是艺术创新的两条有效路径。有评论家认为：一段时期以来，古老杂技艺术的创新，有意识地朝叙事方向发展，希望弥补杂技拙于叙事抒情的短板。然而，对于一个杂技节目，短短几分钟，既要展示人类极限技艺，还要讲清楚一个完整故事，容易顾此失彼，杂技节目的艺术生长点和创新点应聚焦于本体技巧的创新迭代。此次杂技展演的主题创作节目，如《扬帆追梦·浪船》《逐梦空天——男女集体爬杆》，都在寻求杂技语言与时代精神的契合。

"艺苑撷英"坚持守正创新，为执着追求艺术理想、勇于担负文化使命的青年人才服务，搭建高规格、专业化交流展示平台，推动人才培养、选拔机制与时俱进，用跟上时代的精品力作开拓着文艺新境界。

（2024年第1期）

红色故事讲解员大赛：培养讲故事的人

海　兵

　　红色是中国共产党、中华人民共和国最鲜亮的底色，中国共产党领导人民在长期革命斗争和发展实践中形成的红色文化是中华民族的宝贵精神财富，红色故事是中国共产党政治本色的鲜活体现。目前，全国共有革命博物馆、纪念馆超过1600家，中央宣传部命名的全国爱国主义教育示范基地585个，国家发展改革委、中央宣传部等十四部门命名的红色旅游经典景区300处，不可移动革命文物3.6万多处，国有馆藏可移动革命文物超过100万件/套，依托革命旧址、革命文物开展的红色旅游规模巨大，每年接待参观、游览的群众数以亿计。

　　宁静的旧址、沉默的馆藏承载着红色记忆、蕴藏着红色故事，是思想政治教育的宝贵资源。多年来，通过丰富教育内容、创新教育载体，教育基地和经典景区的发掘保护体系和宣传教育体系不断完善，教育功能不断加强。各地红色旅游景区和爱国主义教育基地以及军队系统活跃着千千万万专业讲解员和志愿讲解员，他们作为沟通陈列与观众的纽带，综合运用知识和语言艺术，结合播音、演讲、戏剧表演等多种专业技术手段，为观众提供讲解服务，他们是与广大群众面对面的一线思想政治工作者。

为深入贯彻落实习近平新时代中国特色社会主义思想，充分发挥爱国主义教育基地、红色旅游经典景区等的教育功能，讲好新时代红色故事、传承红色基因，不断加强讲解员队伍建设，培育和践行社会主义核心价值观，促进感染人、教育人的红色故事广泛传播，2018年以来，中央宣传部、文化和旅游部等多部门在上海、北京、河南等地陆续举办了四届全国红色故事讲解员大赛，大赛的主题分别为"讲好红色故事，传承红色基因，弘扬革命精神""传承红色基因，培育时代新人""致敬国家丰碑""致敬新时代，讲好新故事"。

大赛及赛后集中展示活动的精彩内容，通过新闻报道、专题节目、短视频等方式进行了全媒体宣传，相关视频资料在"学习强国"学习平台、央视网、文化和旅游部政府网站及微博、微信和多家视频服务平台展示。主办单位搭建平台、严密组织、科学推动，参赛选手深入研究、精心打磨、倾情讲述，媒体宣传多屏共振、平台互推、下沉传播，一个个红色故事在讲述、传播中，擦亮了历史底色、点燃了爱国热情、厚积了精神财富、升腾了传承活力，生机勃勃。

四届大赛，报名参赛的选手除了红色场馆专业讲解员，还有大量来自全国各地各行各业群众中的志愿讲解员，他们的职业是工人、农民、部队官兵、大中小学生、公务员、教师、职员、科技工作者、媒体工作者……有幼学孩童也有耄耋老人，群众的广泛参与，反映出我国讲解员队伍人才储备的雄厚基础，也让"人人都是红色故事讲解员"成为可能。

五年中，先后有600多名选手从大赛的基层选拔赛中脱颖而出，获得全国赛的参赛资格，他们都具有相当的职业经历和讲解经验，在大赛主办单位推动下，各地主管部门将积极参与大赛作为促进红色旅游讲解员队伍的培养和锻炼、讲好红色故事、传播时代声音的重要形式。为选拔出符合大赛要求的优秀选手，各地宣传部门牵头抓总，文化和旅游部门具体承办，借鉴全国大赛的组织形式，探索、创新符合本地区特点的选拔方式，特别注重引入公证机构等多种力量对活动进行全过程监督，力求赛事公平公正、扎实有序开展，从选拔、推荐环节即已启动的科学严密组织，为大赛添加了富有时代特色的注解。

大赛分组进行比赛，每届决出"金牌讲解员"和"金牌志愿讲解员"各10名、"优秀讲解员"和"优秀志愿讲解员"若干名，获奖人数很少，但赛事的精心安排使众多未能获奖的选手同样收获颇丰。主办单位要求各地努力为参赛讲解员提供良好的服务保障；大赛组织选手培训、模拟演练、一对一赛前辅导等，全面提高选手的专业素养和能力；大赛来自党史、党建、军史、旅游、讲解、表演、新闻等多专业的评委进行现场点评，既为选手提供专业指导建议，也为观众提供多元评价视角；点评分析优缺点直言不讳，大到素材选取、台本写作、台风培养，小到词语发音、话语节奏、身体姿态、情绪把控，为赛场增添了培训、学习、交流、互动的色彩。特别是第三届大赛，在特殊情况下创造性实施云讲解、云比拼、云观赛，全国各地讲解员通过央视新闻H5专区报名参赛，网络赛段+电视赛段，现场专家评审+网络媒体评审，精彩的赛事与鲜活的故事一同融入了选手和观众的记忆。

红色故事不同于英雄传奇。习近平总书记指出："讲故事就是讲事实、讲形象、讲情感、讲道理，讲事实才能说服人，讲形象才能打动人，讲情感才能感染人，讲道理才能影响人。"大赛要求选手在尊重史实的基础上，聚焦中国共产党带领全国各族人民取得的重大成就，深挖红色故事、红色文化的价值和内涵，大力弘扬以伟大建党精神为源头的中国共产党人精神谱系。选手们对素材深入研究，寻找线索实地走访，还原英雄壮举背后凡人日常的情感逻辑、矛盾问题、复杂心理，把温暖生动、可感可亲的英雄人物带到观众面前，生发共情，催人奋进。立体而丰满的红色故事直抵人心，打动了现场评委、观众，也触动了无数网友。

讲故事既要叙事，也要陈情、说理，讲述者娓娓道来需要时间，而观众的注意力资源有限，讲述必须在浓缩精练的同时，紧紧抓住观众，才能提升传播效果，6分钟、4分钟甚至3分钟，大赛的不同赛段对讲述用时均进行严格限制，以凸显选手专业能力；在自选讲解时，选手大多选择与自己亲历、参与或实践有关的故事题材，用亲身经验的内生感动引发观众共情，而决赛采用抽取讲解主题的安排，要求选手不能仅仅熟悉自己日常讲解的内容"念自己的经"，而要对党的历史、革命精神有整体的认知，更考较选手业务功底；历届大赛在决赛阶段先后使用过抽取讲述对象、终极问答、挑战100秒和笔试等形式，要求选手对资料进行个性化的深入阐释，面对不同的观众群体还要因人制宜采用富有针对性的讲述方式……赛程设计各方面的细致安排，融贯了新时代加强和改进思想政治工作的各项要求，为红色故事讲解员的综合能力素质培养设定了更高的标准。

大赛的持续举办，推动了红色文化的研究探索挖掘和思考理解阐释，彰显了红色故事的当代价值；大赛精彩内容的碎片化制作传播，提升了红色故事内容与价值观念传播的覆盖面。在传播互动中，大批网友借助自媒体内容的生产嵌入了红色故事讲述和传播的框架，越来越多听故事、有故事的人成了讲故事的人。

（2024年第2期）

"红飘带"：数字化＋长征文化

赵雨欣

开场，一盏巨型"马灯"浮雕屹立中央，在声、光、电的联动下，红军战士的英姿逐渐浮现：他们目光如炬、身姿矫健、步伐坚定。场景中央，一位红军战士挥舞着手中的红旗，奔向战场。灯灭，炮火声、呐喊声传来……

以长征为主题的全域行浸式数字体验馆，5.3万平方米的贵州"红飘带"项目耗时3年半时间打造，在真实历史事件的框架下，融入现代艺术戏剧，辅以科技手段，按照世界一流水平打造全域行浸式数字演艺《伟大征程》与8K电影级巨幕《多彩飞越》。《伟大征程》由无名英雄、血火洗礼、伟大转折、砥砺征途、胜利丰碑以及新时代新长征"六大篇章"组成，全景式、沉浸式再现峥嵘岁月；《多彩飞越》通过数位扫描技术，超写实还原贵州地形地貌、人文风情，让观众在飞行影院中伴随全景声场、体感特效，全方位、全视角、全景域领略大美贵州。

"红飘带"是长征国家文化公园重点项目，长征国家文化公园贵州重点建设区的标志性、引领性工程，是贵州推进长征国家文化公园建设的重要抓手和破题之作。建设长征国家文化公园，是以习近平同志为核心的党中央作出的重大决策部署。2019年9月，贵州成为长征国家文化公园的重点建设区。2021年5月，中共中央宣传部在贵州举行"弘扬遵义会议精神，走好贵州新时代的长征路"主题发布会，位于贵阳市双龙航空港经济区的"红飘带"项目应运而生。

历史与现代交融。"红飘带"项目从建筑理念到展馆设计均反复推敲，主创团队坚持打造国家级大数据综合试验区与长征文化协同推进的数字工程，以长征的寓意——"地球上的红飘带"为建筑核心语言，以"中央红军长征路线图"为建筑形体设计主题，设计南北向蜿蜒的红飘带曲面幕墙，形成连续转折的动态轮廓，体现了"红旗飘飘"的灵动之美。展馆外立面色彩系统采用跳色设计，取材自赤水丹霞，实现了建筑与自然景观的有机结合，随着行进视角的不断变化，展现出不同的视觉及空间效果。重大革命历史事件与现代建筑景观的有机结合，体现了长征精神的绵延不绝。

传承与创新并举。为了真实再现长征岁月的艰苦卓绝，主创团队突破原有的视觉呈现效果，在展馆装潢、技术呈现手段上绞尽脑汁。险峻的峭壁，斑驳的石路，逼真的战壕……在"砥砺征途"一幕，观众可重温"爬雪山过草地"的情境，用身体体验狂风暴雪的拍打，随着阵阵的呼喊声，看到战士们的身影出现在崖畔上，遥望远方；听到风吹草地沙沙响，远处闷雷滚滚来，若隐若现的人声呢喃哼唱，苍凉而悠远。感官联动让观众切身体会红军战士在革命信念支撑下与自然环境进行斗争，倾听发生在长征路上可歌可泣的感人故事。

文化与精神永驻。长征是中国共产党和红军谱写的壮丽史诗，长征精神是中国革命文化的重要组成部分，是第一批纳入中国共产党人精神谱系的伟大精神。贵州红色文化底蕴深厚。2021年2月，习近平总书记在贵州考察时指出："当年长征时，红军在贵州活动时间最长、活动范围最广，为我们留下宝贵精神财富。""红飘带"项目的落成，打造了黔山贵水红色革命文化教育、旅游目的地，为八方游客带来红色文旅场景新体验，为激发爱国主义情感和民族自豪感塑造了贵州榜样。

行至"红飘带"，回顾长征路，缅怀英烈伟绩，领悟长征精神，是我们建设中国式现代化的不竭动力。"红飘带"，以其独特的方式吟颂着不朽的长征史诗！

长征永远在路上。

（2024年第3期）

《英雄儿女——志愿军家书》：
让距离不再遥远

赵雨欣

习近平总书记指出："抗美援朝战争伟大胜利，是中国人民站起来后屹立于世界东方的宣言书，是中华民族走向伟大复兴的重要里程碑，对中国和世界都有着重大而深远的意义。"为弘扬伟大抗美援朝精神，铭记抗美援朝战争的艰辛历程，在中共中央宣传部、国家退役军人事务部指导下，中国共产党历史展览馆编注的《英雄儿女——志愿军家书》近期由中共党史出版社出版发行。

从《喻求清致妻书（1950年11月）保卫祖国是我们的责任！》到《赵绍闻致弟书（1955年11月）为了和平我们撤出朝鲜了》，30封志愿军将士的战地家书依时间顺序编排，家书的作者中有黄继光、邱少云、杨连第、孙生禄、牟敦康等志愿军烈士，也有易禄亨、卢冬等仍健在的志愿军老战士。阅读家书，我们能看到冲锋的身影和口号，看到当年的衣食住行，感受到70年前志愿军战士们的理想和抱负，领悟到抗美援朝精神的内涵真谛。

家书的家，是家庭的家，也是国家的家，每一封家书都蕴含着真挚的家国情怀，是思想政治教育的宝贵资源。编者从每封家书中抽取代表性语句为书信标题，将为国奋战的志愿军战士致亲友的书信图片配作者简介、家书原文、家书诵读二维码和家书故事，组合推出。多数家书附有作者的照片或画像，有3位作者（况重晚、王建赠、王天资）照片处赫然留白，不完整的资料引人思索，没有留下照片甚至没有留下名字的无数英烈留给我们的是什么？……

该书选用志愿军家书叙事抗美援朝，以小见大，通过亲历者的视角，纪实还原了抗美援朝战争的战地实况和志愿军的精神面貌。编注获得了退役军人事务机关、博物馆（纪念馆）、党史地方志工作办公室（档案馆）以及抗美援朝烈士陵园等15家单位提供的史料支持。作者选取面广，既有指挥员、战斗员又有后勤保障人员和战地文艺工作者；书信内容丰富，反映出硝烟弥漫的战争、战后修复的建设、中朝人民的交往、国计民生的状况等方方面面，具有重要史料价值。

将70年前的家书汇集整理、编注，让家书出版，使如今的我们能够透过战地家书看到当年的志愿军——一个个鲜活而立体的人，从新的视角再读"最可爱的人"。他们的情感在家书中传递，他们的精神在家书中焕发。每一封志愿军家书都承载着中华民族的文化、维系着亲情，也真实地记录了时代的变迁。志愿军家书是"以史鉴今，学思践悟"的生动教材，一封封家书没有华丽的辞藻，没有刻意的构思，但依然感人至深、动人心弦。

　　该书跨越山海再现了志愿军在朝场景，穿越时光打造了思政鲜活教材，让我们真正走进革命先烈的内心深处，体会战火中的家国情怀，我们与战争、英雄的距离不再遥远。

（2024年第5期）

后　记

　　《思想政治工作研究》杂志创刊于1983年，邓小平同志题写刊名，是全国重点社科期刊和思想政治工作领域的权威刊物，是学习宣传贯彻习近平新时代中国特色社会主义思想的重要阵地，是交流宣传思想工作、思想政治工作的重要平台。近年来，杂志刊发了一系列学习实践习近平文化思想，弘扬社会主义核心价值观的文章，这些文章受到广大读者好评，我们精选其中部分文章编辑出版了《讲好新时代"大思政课"》（第三辑）。

　　书中所蕴含的每一分感悟，每一句箴言，不仅承载着对未来的期许与厚望，更凝聚着作者们对理想信念的坚守与追求。愿每一位读者在翻阅这些篇章时，都能在思想的碰撞与交融中感受新时代的脉动，激扬起奋斗的风帆，共同书写属于我们这个时代的辉煌篇章。

　　在此，感谢中国政研会秘书处夏光明、吴祖平等领导和同志对本书出版给予的大力支持和帮助。感谢人民日报出版社社长刘华新，总编辑丁丁，副社长欧阳辉，编辑曹腾、季玮、朱小玲等为本书编辑出版所付出的努力。在本书编辑出版过程中，王开忠、秦洁、从希旺、沈珊珊、常莹昕、李惠男、祁琪、曹剑、周国芳、梁家、肖俊鹏、申欣雨、吴雨婧、刘一鸣等同志也做了大量工作。

　　由于编者水平有限，加之时间仓促，本书在编写过程中难免有不足之处，诚恳希望各位读者朋友提出宝贵的意见和建议。